ACHILLE BERTARELLI

L'IMAGERIE POPVLAIRE ITALIENNE

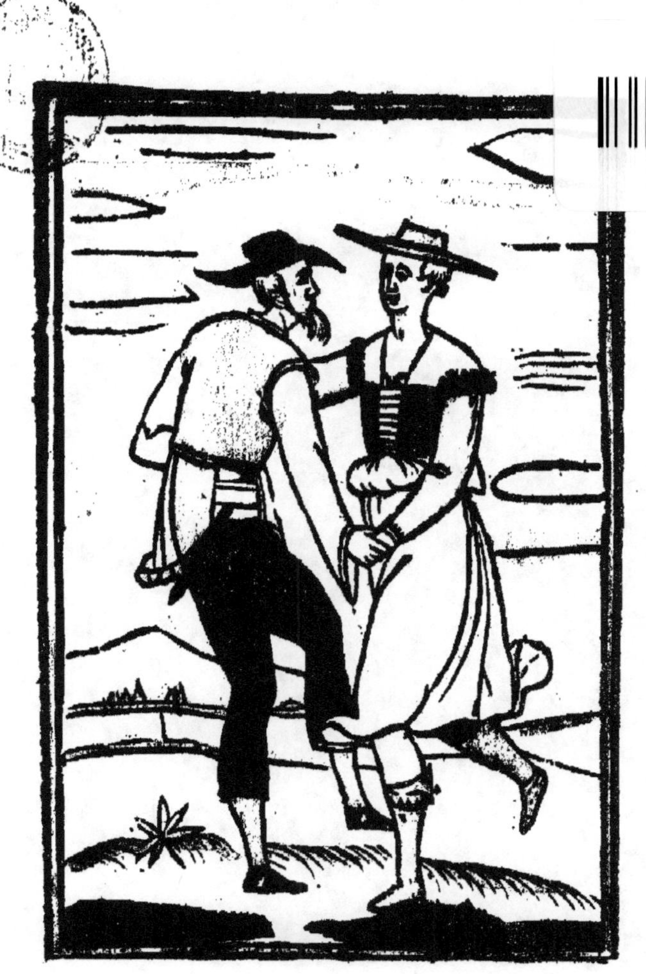

EDITIONS DVCHARTRE & VAN BVGGENHOVDT
15, Rue Ernest-Cresson. Paris

L'IMAGERIE POPVLAIRE
ITALIENNE

ACHILLE BERTARELLI

L'IMAGERIE POPULAIRE ITALIENNE

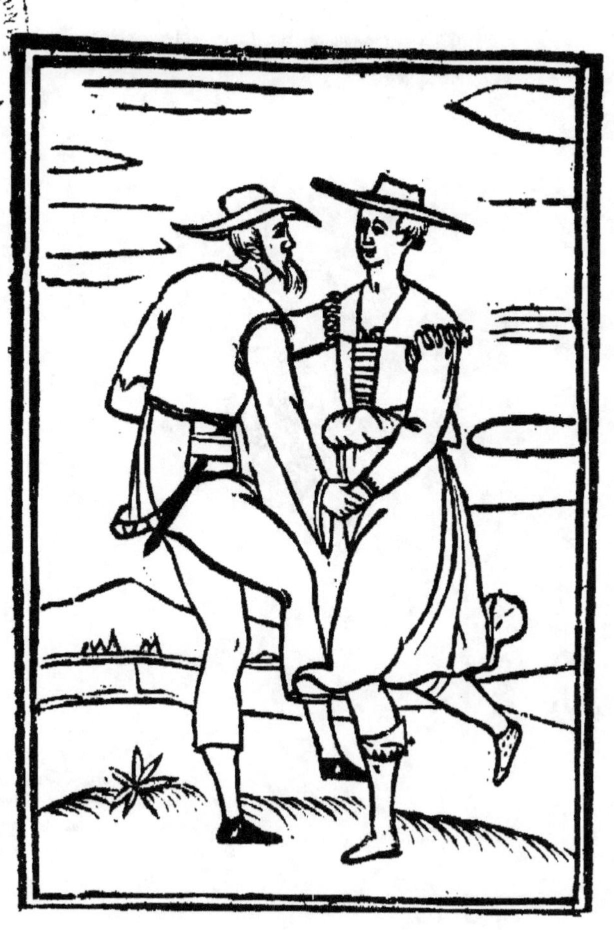

EDITIONS DUCHARTRE & VAN BUGGENHOUDT
15, Rue Ernest-Cresson. Paris

JUSTIFICATION DU TIRAGE

Il a été tiré du présent ouvrage, achevé d'imprimer le 30 novembre 1929, sur les presses de l'Imprimerie Crété, à Corbeil, cent exemplaires sur papier de Hollande Pannekœk comportant une double suite des hors-texte de couleurs, numérotés de 1 à 100, et des exemplaires sur papier « Antique Hollande » composant l'édition courante.

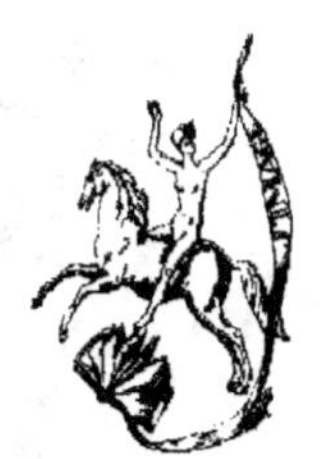

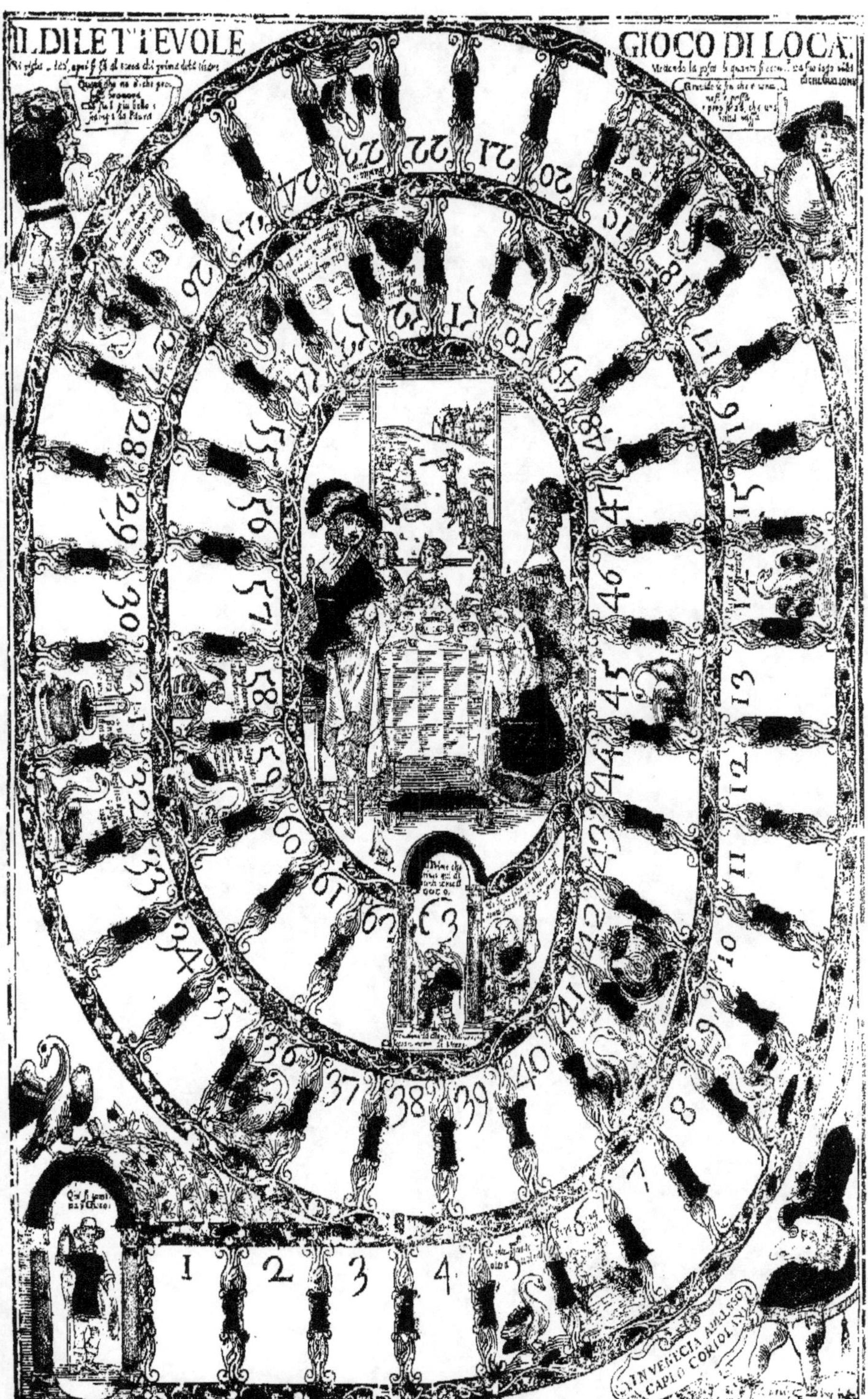
IL DILETTEVOLE
GIOCO DI LOCA
IN VENETIA APPRESSO CARLO CORIOLANI

L'IMAGERIE ITALIENNE

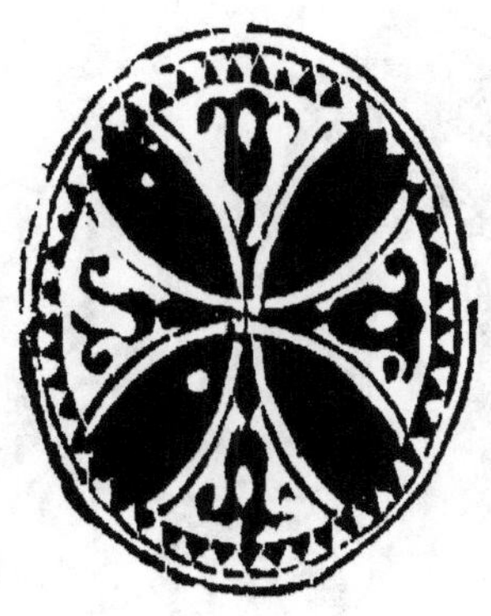

SOMMAIRE

I/ LES IMAGES POPULAIRES REPRÉSENTENT DANS LEUR ENSEMBLE LE TABLEAU DE LA VIE ET DE LA CULTURE DES MASSES. — II/ L'ÉTUDE DE LA LITTÉRATURE POPULAIRE A RAPPELÉ L'ATTENTION SUR LES DOCUMENTS ICONOGRAPHIQUES. RAPPORTS ENTRE CES DEUX FORMES D'ACTIVITÉ. — III/ L'ŒUVRE DE FRANÇOIS NOVATI EN FAVEUR DES ESTAMPES POPULAIRES. — IV/ LES NOMBREUSES SOURCES HISTORIQUES QUI EXISTENT ENCORE PERMETTENT D'EN RECONSTITUER L'HISTOIRE. — V/ ORIGINES ET LIMITES ENTRE LESQUELLES SE DÉVELOPPÈRENT LES PREMIÈRES MANIFESTATIONS PENDANT LE MOYEN AGE. — VI/ L'ART POPULAIRE A LA NAISSANCE DE L'HUMANISME DEMEURE FIDÈLE AUX MOTIFS ANCIENS AUSSI BIEN DANS L'ICONOGRAPHIE QUE DANS LA LITTÉRATURE. — VII/ OPPORTUNITÉ DE CLASSER LES IMAGES SUIVANT UN PLAN QUI METTE EN ÉVIDENCE LEUR UNITÉ REPRÉSENTATIVE. — VIII/ PLAN ANALYTIQUE DE L'ICONOGRAPHIE POPULAIRE ITALIENNE.

I

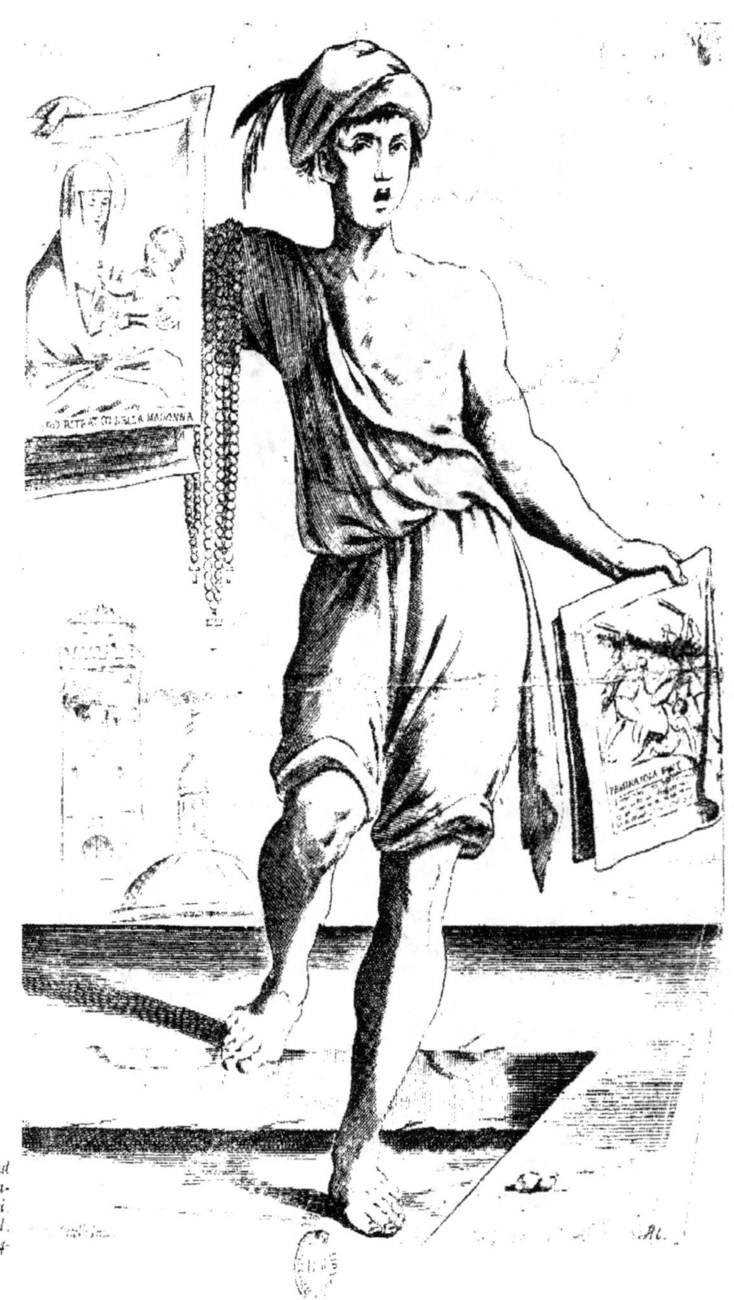

« Le Marchand d'images. » Gravure de Curti, d'après J.-M. Mitelli (1634-1718).

I/ LES IMAGES POPULAIRES REPRÉSENTENT DANS LEUR ENSEMBLE LE TABLEAU DE LA VIE ET DE LA CULTURE DES MASSES

I/ Le Comité de l'Exposition d'Ethnographie italienne qui s'est constitué à Rome en 1911 chargeait l'auteur de ces lignes, en collaboration avec le regretté professeur François Novati, d'organiser une section spéciale d'iconographie populaire italienne. A cette occasion, nous exposions, dans une note rédigée par le professeur F. Novati, les idées communes qui nous avaient guidés, quand nous réunissions un si grand nombre d'humbles estampes, qui, en apparence, pouvaient sembler de peu de valeur, parce qu'elles sont le produit d'un art presque enfantin, mais qui, groupées rationnellement, offrent un grand intérêt au point de vue historique et à l'égard du folklore. Par cette courte introduction que je reproduis ici, le lecteur verra quel rôle il faut assigner à l'iconographie populaire.

« L'Exposition d'Iconographie Populaire peut se définir comme la première tentative d'une entreprise hardie dans laquelle personne jusqu'à ce moment ne s'était aventuré : raconter par le seul moyen de l'estampe et de la gravure la vie tant intérieure qu'extérieure du peuple italien, telle qu'elle s'est manifestée en une période de temps quatre fois séculaire, allant du XVe au XVIIIe siècle, et compléter de cette façon les bien minces renseignements que nous offrent l'histoire et la littérature populaires. Les humbles xylographies sorties des petites presses à main des fabricants de « majestates » et de « cartesellæ » d'images de piété et de cartes à jouer sont toujours restées semblables à elles-mêmes à travers les siècles, et le peuple, tenacement fidèle à ses premières amours, les a toujours préférées aux œuvres remarquables que les grands maîtres du burin ont jetées à profusion sur le marché italien. Aussi les estampes d'artistes obscurs savent-elles nous dire ce qu'aucun cuivre de Raimondi et de Mantegna ne serait en mesure de nous révéler ; elles ont été suspendues pendant des siècles aux parois nues des ateliers des villes, des cabanes rustiques ; et c'est l'humble existence des ouvriers et des paysans passée en durs labeurs, leurs joies, leurs souffrances, leurs vertus et leurs vices, leurs aspirations et leurs jeux, toute leur vie en somme, qu'elles reflètent. Le peu de science à laquelle pouvaient atteindre les illettrés, le peuple l'apprenait des estampes achetées au marché ; grâce à elles, il acquérait quelques notions sur l'univers, sur les planètes et sur leurs influences; il s'initiait aux merveilles des pays lointains, brûlés par le soleil ou couverts de glaces éternelles, habités par des hommes étranges, par des animaux fabuleux.

« Les estampes ne l'éclairaient pas seulement sur le monde et sur ses habitants, mais encore sur la vie sociale ; il en retirait des leçons de bonne philosophie élémentaire, à savoir que la fortune est l'arbitre de toutes les vicissitudes humaines, qu'il ne vaut pas la peine d'envier la richesse du riche, les honneurs des puissants car celle-là passe comme l'ombre, car ceux-ci fondent comme neige ; et la mort, formidable niveleuse, nous offre le suprême enseignement de l'égalité. Pour les clients les plus humbles, des artistes inconnus dessinaient des scènes de la vie populaire ; et s'ils représentaient les anciens paladins chevauchant leurs palefrois ou les princes catholiques ligués contre le Turc, ils mettaient aussi en vente les séries des « Arts et métiers de la rue », des dessins illustrant les professions les plus modestes, tout le tumulte des rues et des places, où résonnaient les cris des camelots et des marchands d'orviétan. Mais de l'insouciante peinture de la vie quotidienne, l'art passait à de plus hauts et mystérieux sujets et rappelait la pensée des foules à la conquête de la vie future. Il offrait à ceux qui souffrent et languissent les images consolatrices : le Rédempteur courbé sous la croix, la Vierge tantôt réjouie tantôt souffrante de sa maternité glorieuse, la cour des saints et des saintes toujours affairés à secourir leurs fidèles. Aux imaginations préoccupées par le problème de l'au-delà, le naïf burin représentait des scènes devant lesquelles Michel-Ange lui-même aurait frémi : le monde dans les convulsions de la catastrophe finale, l'attente du jugement dernier, les terrifiantes visions de l'Enfer. Et ces images aux couleurs violentes étaient plus efficaces pour la conscience des masses que tout avertissement, tout châtiment. Elles étaient le truchement de l'invisible, tantôt séduisant, tantôt effroyable : presque une fenêtre ouverte sur l'inconnu (1). »

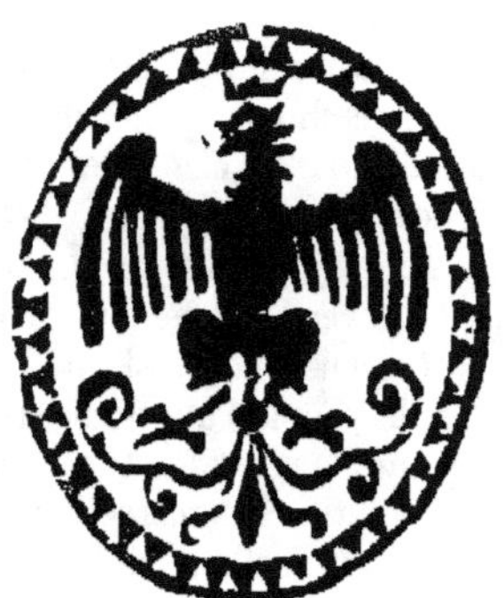

(1) *Catalogue de l'Exposition d'Ethnographie italienne à Rome en 1911* (Bergame, Istit. Ital. Arti Grafiche, 1911, p. 76.

II/ L'ÉTUDE DE LA LITTÉRATURE POPULAIRE A RAPPELÉ L'ATTENTION SUR LES DOCUMENTS ICONOGRAPHIQUES. RAPPORTS ENTRE CES DEUX FORMES D'ACTIVITÉ

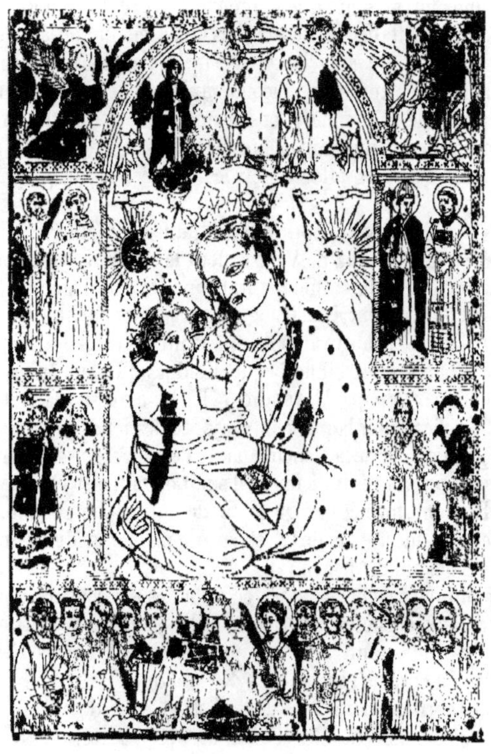

« Madona del Fuoco ». Gravure sur bois antérieure à 1428.

II/ L'étude du patrimoine littéraire du peuple italien a été entreprise, en ces dernières cinquante années, par des érudits de valeur : Constantin Nigra, Alexandre d'Ancona, Dominique Comparetti, Victor Imbriani, Hermolaüs Rubieri, Joseph Pitré, Sauveur Salomone-Marino, François Novati, Salomon Morpurgo et Arnaud Segarizzi, pour ne citer que les plus grands. Nous devons être reconnaissants de ce renouveau d'études à ces chercheurs, qui en d'autres temps ont travaillé à nous transmettre les œuvres dont est tissée la trame du savoir humain, dans son développement et son perfectionnement, et qui, outre cela, ont voulu encore recueillir les productions modestes destinées aux classes les plus humbles, sachant bien qu'elles serviraient plus tard à tisser une autre histoire non moins intéressante que la première : celle du peuple italien.

Les bibliothèques italiennes sont riches de pareils matériaux, qu'on n'a pas encore tous découverts. De nouvelles études mettraient encore mieux en évidence les rapports de la littérature et de l'iconographie, celle-ci reproduisant presque toujours les motifs de la première, et s'inspirant de son style, comme on peut s'en rendre compte en comparant les textes et les figures du XVIe siècle commençant avec les versions altérées et les grossières xylographies du siècle suivant.

Parmi les fonds de nos bibliothèques, il faut mentionner spécialement celui qui est conservé à la Marciana de Venise, dont le catalogue a été publié sous les auspices de la Société bibliographique italienne (1), catalogue qui, par les nombreuses gravures qui l'ornent, constitue une précieuse contribution à l'histoire de l'imagerie populaire. Un autre dépôt important se trouve à l'Alessandrina de Rome : il faisait partie de la bibliothèque des ducs d'Urbin, transportée à Urbania, puis à Rome par le pape Alexandre VII. Il y a aussi à la Nationale de Florence une riche collection à laquelle on a ajouté des fonds provenant de la Palatine, de la Capponiana et de la Nenciniana. A l'étranger aussi, on trouve d'importantes collections populaires italiennes ; il suffit de rappeler celle de la Colombina de Séville, en Espagne, formée par Diego, fils de Christophe Colomb, et, en France, à Chantilly, celle du duc d'Aumale (2), et, en Allemagne, la Miscellanea de Wolfenbüttel, décrite par Paul d'Ancona (3).

De très nombreux recueils, appartenant à des particuliers, ont été dispersés par des ventes aux enchères : parmi ceux-là, je tiens à en citer un, qui est peut-être le plus important, autrefois propriété de François Reina de Milan, qui fut membre du corps législatif de la République Cisalpine. La vente eut lieu à Paris, à trois reprises, en 1834, 1836 et 1838, et le catalogue (4), qui contient la description de plusieurs centaines d'opuscules populaires, est très intéressant à consulter aujourd'hui encore.

(1) SEGARIZZI ARNAUD. *Bibliographie des estampes populaires italiennes de la Bibliothèque Royale de Saint Marc de Venise* (Bergame, Arti Grafiche, 1913).

(2) PICOT ÉMILE. *Recueil des petits poèmes italiens de la Bibliothèque de Chantilly* (Pise, F. Mariotti, 1894).

(3) D'ANCONA PAUL, *Deux farces du XVIe siècle avec commentaire descriptif du volume « Miscellanées » de la Bibliothèque de Wolfenbüttel* (Bologne, Romagnoli, 1882).

(4) *Catalogue des livres de la Bibliothèque de feu M. Reina de Milan* (Paris, chez Silvestre, libraire, 1834-1838).

III/ L'ŒUVRE DE FRANÇOIS NOVATI EN FAVEUR DES ESTAMPES POPULAIRES

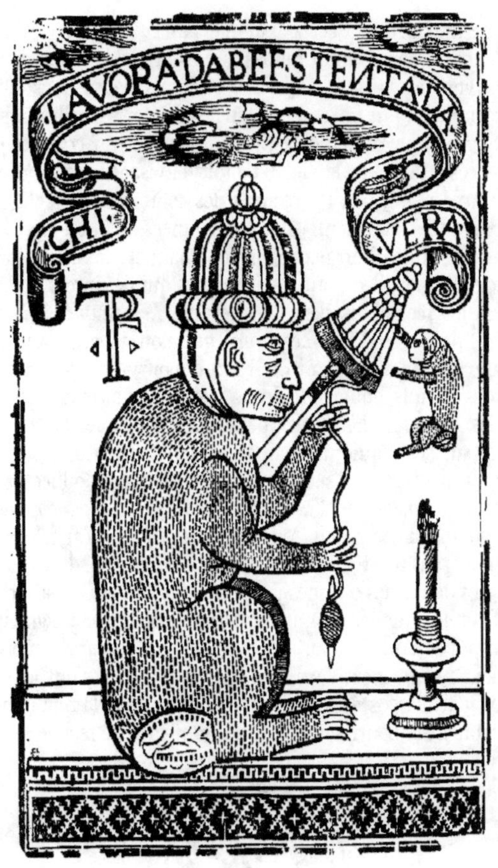

« Le Singe qui file. » Bois du XVIe siècle du fonds Soliani, de Modène.

III/ De nombreux érudits de notre pays se sont occupés de littérature populaire ; il n'en est pas cependant à ma connaissance qui ait étendu ses recherches, sinon incidemment, aux matériaux iconographiques, négligeant ainsi de mettre en lumière une partie qui est une excellente auxiliaire de la littérature et qui apporte une riche contribution au folklore et à la connaissance de la culture du pays.

Tous les collectionneurs savent combien il est difficile de trouver dans le commerce les vieilles estampes populaires et combien des dépôts publics eux-mêmes en sont dépourvus. Ceci s'explique par ce fait que les Cabinets d'Estampes, dès leurs origines, furent guidés dans leurs recherches par des préoccupations exclusivement artistiques ; on n'a jamais pensé qu'à côté des formes d'art aristocratique on pût faire une place aussi à toutes celles qui ne sont peut-être pas conformes aux principes esthétiques, mais qui constituent cependant la meilleure représentation de la vie du peuple, envisagée dans toute son ampleur. L'on a donc formé peu à peu les recueils des estampes dites classiques ; toutes les autres, en revanche, devaient « être condamnées à l'oubli éternel », d'après les règles établies par Jules Ferrario dans son manuel classique, lorsque, vers le milieu du siècle dernier, il dictait les principes qui devinrent lois pour la confection de tous les recueils italiens (G. Ferrari, *Les estampes classiques*, Milan, Bravetta, 1836, p. XII, XIX). C'est ainsi que l'on a perdu tout le patrimoine iconographique, qui, en admettant qu'il soit dépourvu de goût artistique, révèle à l'historien des détails nouveaux de la vie et des mœurs, renseigne sur les croyances et les légendes chères aux peuples, sur les joies et les douleurs de sa vie terrestre et sur ses inquiétudes au sujet de la vie future.

En Italie, François Novati seul a traité avec ampleur de l'iconographie populaire dans l'article *L'histoire et l'estampe dans la production populaire italienne*, publié dans *Emporium* (Bergame, Arti Grafiche, 1906). L'article était le prélude d'un programme plus vaste, l'auteur ayant l'intention d'écrire l'histoire des motifs populaires depuis les origines jusqu'à la fin du XVIIIe siècle. Il put seulement en achever le premier chapitre : Origine et développement des thèmes iconographiques pendant le haut Moyen Age. Malheureusement, la grande guerre européenne et sa mort survenue en décembre 1915 ont arrêté ce travail, qui aurait transmis à la postérité et fortifié pour l'avenir la renommée du maître, car ces pages étaient l'aboutissement de quarante ans de recherche (1).

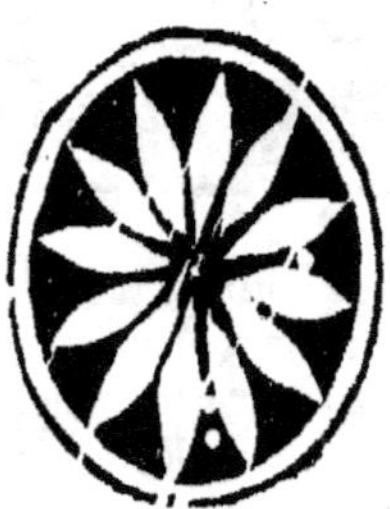

(1) Ce long chapitre, quoique imprimé, n'a jamais été mis dans le commerce. Ne voulant pas qu'un document aussi précieux pour nos études fût complètement perdu, dans un esprit de respectueuse affection envers celui qui fut mon maître, je l'ai fait réimprimer dans : F. NOVATI, *Fresques et miniatures du XIIIe siècle*, Milan, L.-F. Cogliati, 1925, p. 291-400.

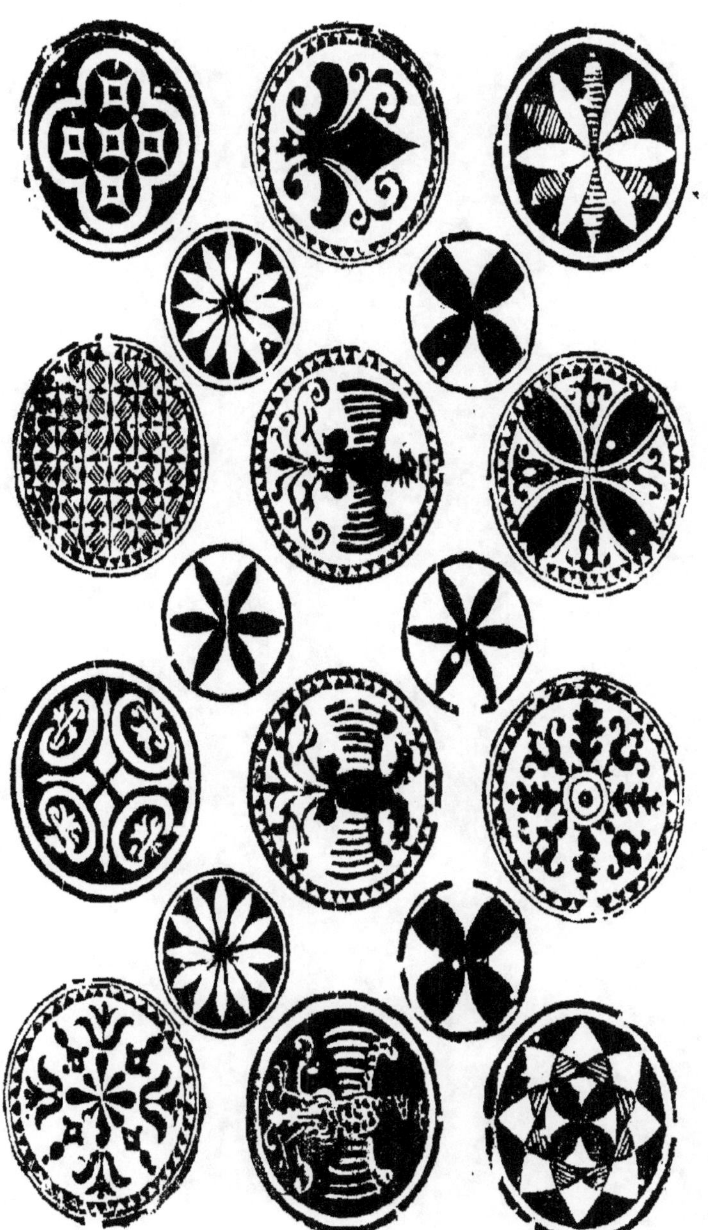

Gravure sur bois, probablement du XVe siècle, destinée à être collée à l'intérieur de coffrets de mariage. Fonds Soliani de Modène (Dim. 155 × 272 mm.).

IV/ LES NOMBREUSES SOURCES HISTORIQUES QUI EXISTENT ENCORE PERMETTENT DE RECONSTRUIRE L'HISTOIRE DES ESTAMPES POPULAIRES

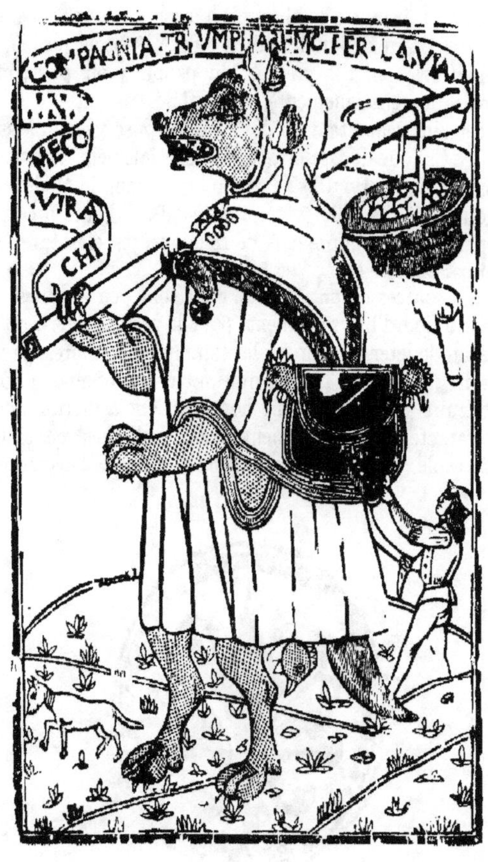

« L'Homme déguisé en renard. » Bois du XVe siècle, provenant du fonds Soliani, de Modène.

IV/ Si les textes littéraires manquent, nous avons du moins des documents historiques d'une telle importance qu'il nous est permis de tracer, du moins dans ses grandes lignes, le développement de l'imagerie populaire depuis son origine jusqu'à aujourd'hui. Ces documents nous sont fournis par les différentes figures qui ornent encore les anciennes basiliques ou qui se trouvent dans les encyclopédies médiévales et dans les manuscrits enluminés ; par les xylographies et par les textes de la littérature chère aux masses que depuis l'invention de l'imprimerie l'on continue à publier tels quels ; par les catalogues des calcographes qui, se succédant depuis le milieu du XVIe siècle jusqu'à aujourd'hui, nous font connaître les motifs préférés du peuple (voir p. 84 et suivantes). D'autres sources de renseignements, ce sont les recueils de tables xylographiques, dont certains remontent au XVe siècle, conservées au Musée Malaspina à Pavie, au Musée Civique de Brescia, et tout spécialement les bois qui, pendant plus de deux siècles, ont servi à la Typographie Soliani de Modène, aujourd'hui au Musée civique de cette ville (voir p. 95 à 98). J'ajoute à cela mon recueil d'estampes populaires qui compte plus de 18 000 pièces, classées suivant un plan que j'exposerai par la suite (1).

Certaines des sources qu'on vient de citer sont peu connues, d'autres sont ignorées, et c'est aujourd'hui seulement, pour la première fois, qu'on y recourt dans le but spécial de jeter du jour sur les estampes populaires. Je n'entends pas en écrire l'histoire ; ce sera le rôle de qui unit une profonde culture médiévale à la culture littéraire générale : je me bornerai donc à fournir quelques éclaircissements de caractère essentiellement iconographiques, en tâchant, lorsque cela me sera possible, d'indiquer aussi la filière dans la succession des motifs.

(1) Mes collections d'estampes, comprenant 250 000 pièces environ, presque toutes documentaires, ont été offertes en don à la commune de Milan en 1923, à l'occasion de la fondation du Cabinet des Estampes. L'Institut, dont le chef est le Dr Paul Arrigoni, est ouvert au public au château Sforza.

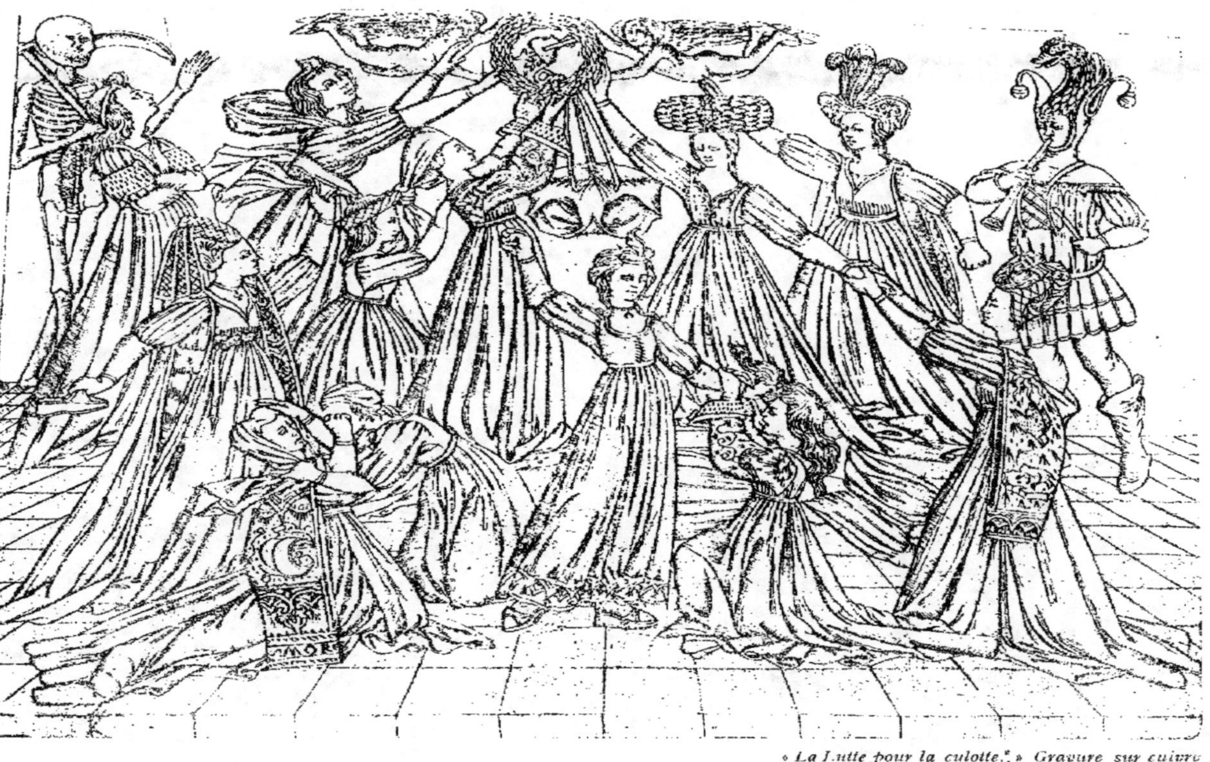

*« La Lutte pour la culotte. » Gravure sur cuivre italienne du XVe siècle. Les femmes sous l'œil de la **Folie** et de la **Mort** se battent pour se saisir de l'autorité masculine symbolisée par la culotte. Exemple de l'ancienneté des thèmes qui deviendront ceux de l'imagerie populaire internationale. (Staatsbibliothek de Munich.)*

V/ ORIGINES ET LIMITES ENTRE LESQUELLES SE DÉVELOPPÈRENT LES PREMIÈRES MANIFESTATIONS PENDANT LE MOYEN AGE

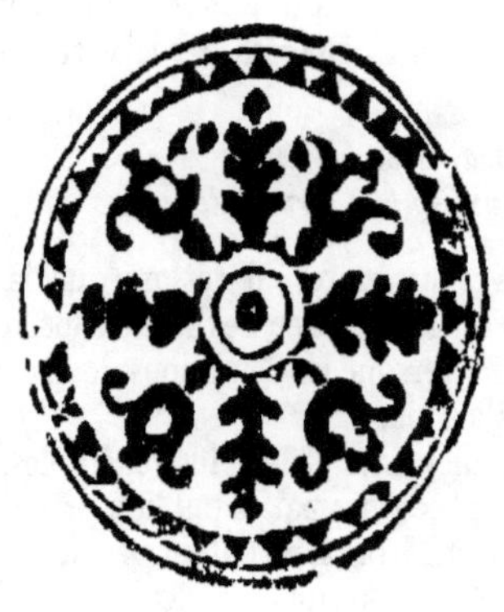

V/ Depuis les temps les plus lointains jusqu'à aujourd'hui, l'Italie a été divisée en États dont chacun avait sa cour, sa littérature, ses arts, ses coutumes et ses traditions propres. Ces différences, qui étaient non seulement politiques, mais aussi morales, laisseraient supposer qu'il y a autant de groupes d'estampes qu'il y avait de divisions politiques.

Il n'en est rien : le motif populaire de l'Italie est unique, comme l'âme et l'esprit de son peuple, et cette unité, dans la représentation de la pensée, se transmet à travers les siècles, tenace et immuable. Nos images ne diffèrent d'une région à l'autre que par les caractères extérieurs dus à la façon dont elles sont gravées.

Pour expliquer l'invariabilité des motifs populaires, il faut remonter à leur origine. Il n'est pas très facile de rechercher l'origine et de délimiter l'orbite dans laquelle se sont produites les premières manifestations, parce que celles-ci se rattachent à des traditions qui remontent au haut Moyen Age, et qui, du moins dans leurs thèmes principaux, sont en grande partie communes aux régions de l'Europe occidentale. Nous nous trouvons en présence d'une iconographie qui se perpétue pendant des siècles, variant et progressant selon les pays et les styles en honneur, offrant de continuels parallélismes entre les formes d'art plus savantes, artistiques ou littéraires, et celles plus modestes et vraiment populaires qu'on peut voir gravées ou imprimées, jusque dans l'opuscule vendu par le chanteur au marché. *Picturæ sunt libri laïcorum*, avait écrit Albert le Grand, et plus tard, vers le milieu du XIIe siècle, Hugues de Saint-Victor exprimait la même idée, lorsqu'il disait : « Que la vue perçoit ce que l'ouïe ne réussit à saisir qu'avec peine. » S'inspirant de la même pensée, les peintres siennois dans leur charte de 1535 se définissent « les interprètes auprès des hommes du commun illettrés des choses merveilleuses, opérées par la vertu de la Sainte Foi », et plus tard on dira :

Images et peinture
Aux simples servent de lecture.

De ces témoignages littéraires, il ressort que la représentation figurée, depuis la plus lointaine antiquité, a eu des buts exclusivement didactiques et que c'est plus tard seulement, lorsque les conditions de la culture changeront, qu'elle s'élèvera aux formes d'art pur.

Les pages les plus anciennes et les plus vénérables, ce furent les murs extérieurs et intérieurs des églises, des palais publics, privés, où sculptures, fresques, mosaïques, lithostrates et vitraux racontent la vie spirituelle et matérielle de l'homme depuis la Création jusqu'à la Rédemption, les mystères d'outretombe, les influx célestes ou planétaires, les vertus et les vices, les héros, les savants, les sibylles, les arts libéraux, les métiers, les saisons, les mois, et ainsi de suite, tous les sujets qui, dans leur majeure partie sont représentés par les estampes populaires. Dès le plus haut Moyen Âge, déjà, nous le voyons, les mosaïstes à l'intérieur des basiliques byzantines faisaient suivre un mystère religieux de figures représentant les Paladins ou les Sages de l'antiquité et au côté d'un berceau plaçaient les Vertus en lutte avec les Vices, tandis que le sculpteur plaçait au fronton de l'édifice la roue de la Fortune, symbole de la vie, représentait sur les chapiteaux et les cordons des portails les douze mois de l'année, les travaux de la campagne, les âges de la vie humaine, puis, comme pour amuser l'esprit par des images plus gaies, il insérait entre les marbres l'épisode chevaleresque, la farce d'escholier ou les funérailles du renard.

Ce sont là de grandes pages exposées au public : mais les mêmes sujets se retrouvent traités ailleurs, en des proportions plus modestes dans les dessins et dans les miniatures ; ils foisonnent par la suite dans les livres en feuilles adhérentes ou volantes. Le caractère didactique, cyclique ou encyclopédique n'est pas moins évident dans la production la plus importante que dans la production inférieure. Ainsi, alors que dans la première nous voyons assez souvent des titres, des épigraphes et des didascalies qui confirment pour les non-illettrés le sujet de l'illustration ; nous voyons aussi dans les images les plus modestes se perpétuer au bas ou tout autour de la figure ou du sujet principal de petites vignettes qui représentent les différents épisodes aptes à reconstruire la progression complète de la scène. Cette forme quasi cyclique est chère au peuple, qui aime voir réunies sur une seule feuille les différentes phases d'un événement ou

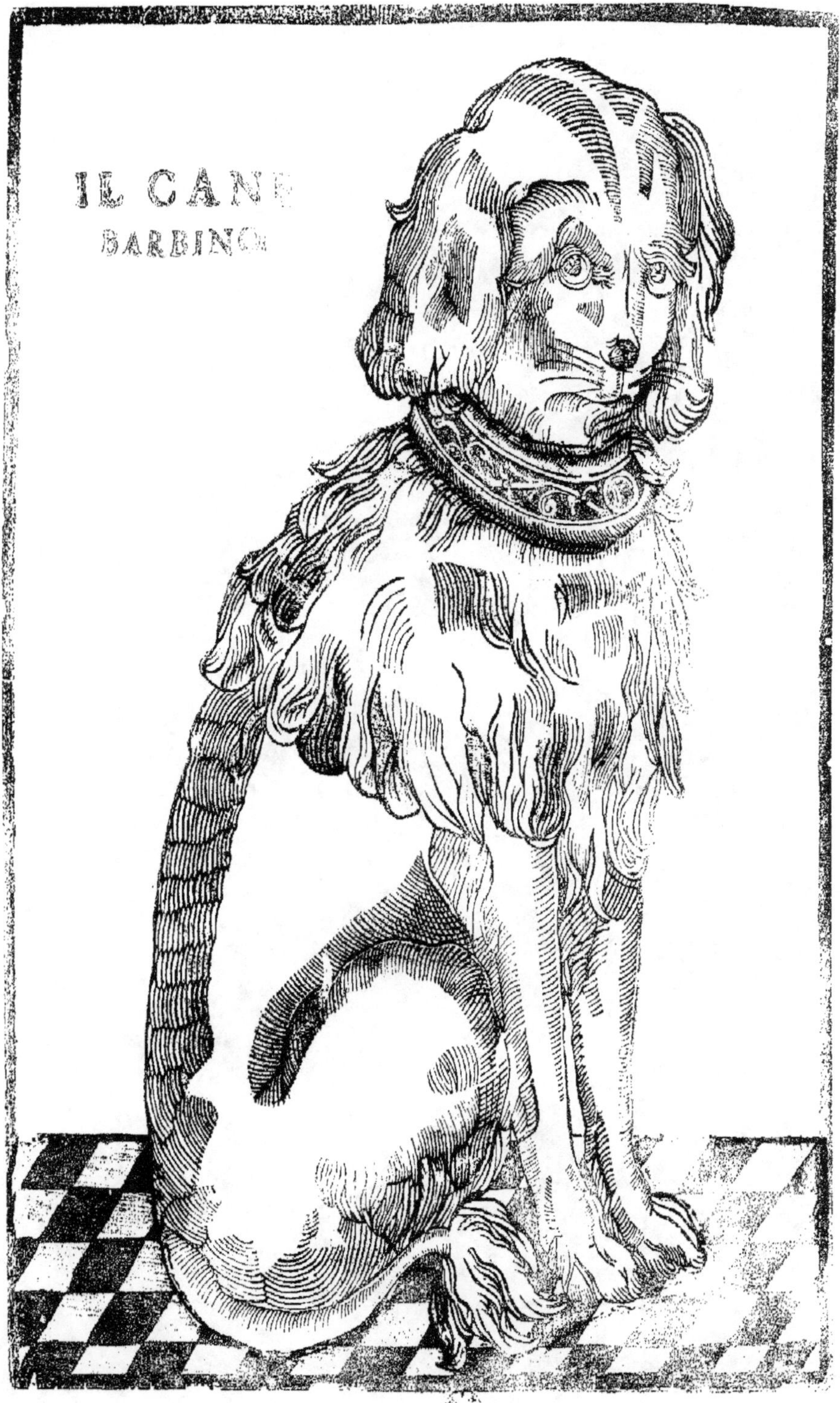
IL CANE
BARBINO

d'une histoire, parce que son esprit est lent à concevoir ce qui n'est pas représenté. Une telle tradition, qu'il est facile d'observer en de nombreuses estampes, s'est conservée de préférence dans les images de piété (vie du Christ, de la Vierge et des saints) et dans les images monastiques, où souvent la scène se développe, conformément à un modèle scolaire, sous la forme d'un arbre généalogique.

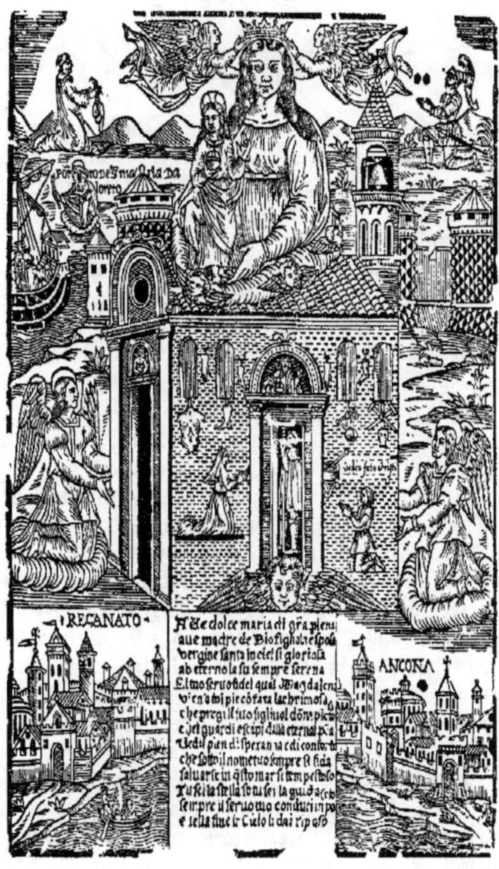

« Notre-Dame-de-Lorette. » Bois du XVe siècle. Fonds Soliani, de Modène.

VI/ L'ART POPULAIRE A LA NAISSANCE DE L'HUMANISME DEMEURE FIDÈLE AUX MOTIFS ANCIENS AUSSI BIEN DANS L'ICONOGRAPHIE QUE DANS LA LITTÉRATURE

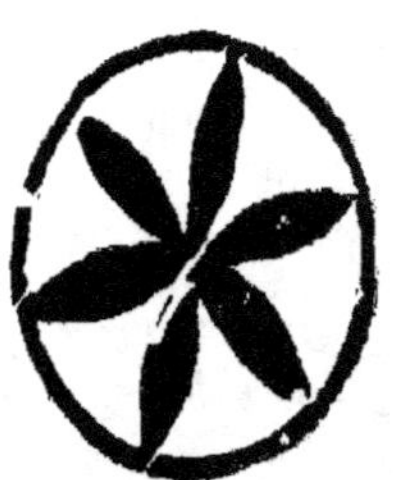

VI/ A l'époque où les courants nouveaux de l'humanisme et le génie individuel des artistes transformèrent, surtout en Italie, l'iconographie traditionnelle, les imagiers populaires restent toujours fidèles aux vieux motifs. L'iconographie a pu parfois, et pendant un certain temps, rivaliser encore avec les formes d'art les plus choisies, comme en font foi de nombreuses xylographies ornant le frontispice des « histoires » que le jongleur vendait sur la place ; mais elle suit une autre voie, lorsque le peuple n'est plus en état de comprendre les nouvelles formes classiques.

L'art savant atteindra les plus hauts sommets, alors que l'art populaire restera tenacement fidèle jusqu'à nos jours aux sujets que nous avons cités et qu'il répétera pendant plus de quatre siècles aux masses illettrées, en les dépouillant toutefois de leur attirail scolastique, et suivant une autre technique, seul point sur lequel les nouvelles images diffèrent des anciennes.

Grâce à l'imprimerie, tous les anciens motifs se répandent avec une très grande rapidité, soit comme illustrations de textes sacrés et moraux, soit sur des feuilles volantes. Dans les incunables, nous voyons se succéder les hiérarchies divines et terrestres (les classes de la société humaine), les Vertus et les Vices, les personnages fameux de l'Ancien et du Nouveau Testament, de l'âge classique et des légendes chevaleresques, la mythologie, dans sa partie pratique et souvent satirique, avec les figures de la Fortune, de la Justice et de la Mort; les vices des classes hautes et basses ; les malices des intrigants et des femmes, les fables d'Ésope, les miracles et les extraordinaires aventures de la grande épopée aussi bien que des contes sacrés et profanes. Toutes ces figures se succèdent aussi dans les livres de prières, dans les calendriers, dans les opuscules dont elles formaient le frontispice, dans les estampes qu'on vendait dans les rues, sur les alphabets pour enfants (*Santa Croce*), sur les pronostics pour les paysans et sur les cartes à jouer. Et non seulement leurs motifs se répandaient par l'imprimerie, mais encore étaient reproduits et se perpétuaient dans les broderies, la marque-

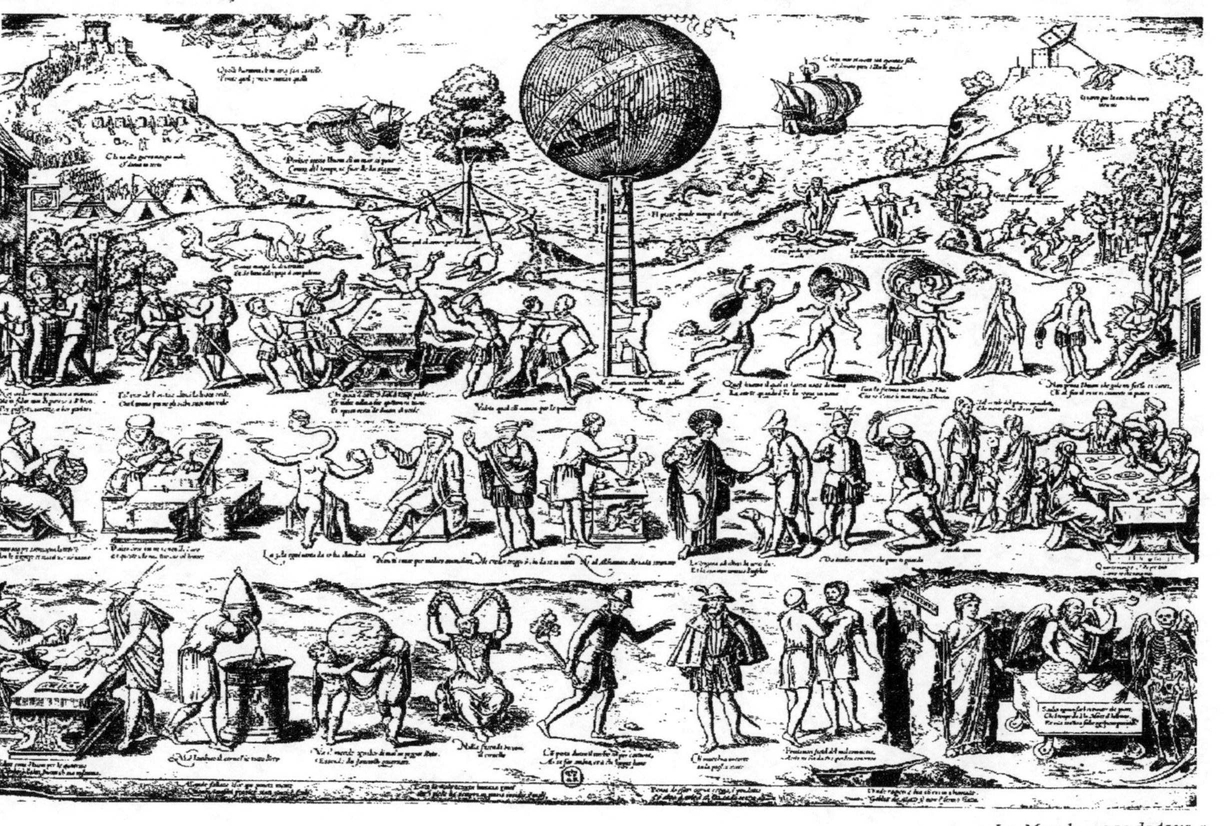

« Le Monde, cage de fous. » Gravure sur cuivre du XVIe siècle, Rome. Ce thème sera fréquemment repris dans l'imagerie populaire. (Cabinet des Estampes, Paris.)

terie, les graffiti, les petits moellons des poêles et des parquets, sur les vases et sur les plats de terre, sur les éventails et même sur les cahiers d'écoliers.

Ainsi s'explique le caractère unitaire que de telles représentations ont revêtu en Italie, malgré la grande variété des modes et des goûts régionaux.

Si l'estampe populaire à travers tant de changements a perdu toute valeur

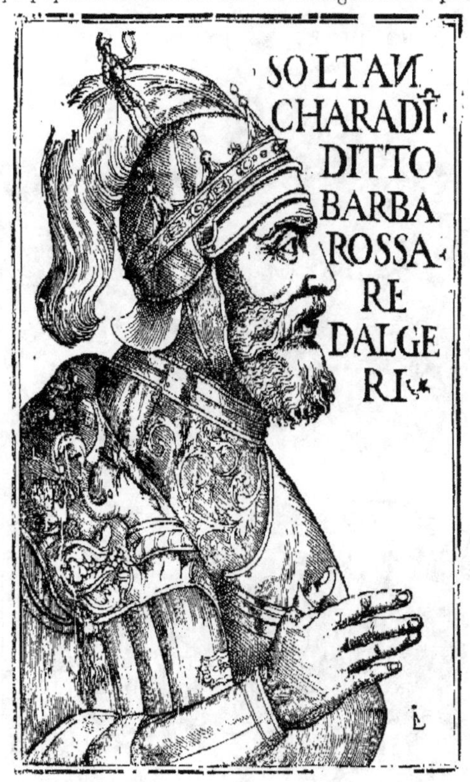

« Le Sultan Barberousse. » Bois de 1535. Fonds Soliani. Le monogramme en bas et à droite a été ajouté vers 1890. (Dim. 25cm,5 × 35cm,5.)

d'art, elle a toutefois gardé son intérêt pour qui recherche le document historique et psychologique, plutôt que le document esthétique.

Ce qui s'est passé dans le domaine de la gravure s'est passé aussi dans le domaine littéraire. La poésie médiévale sous les nouvelles influences s'est transformée peu à peu et est parvenue à la perfection, alors que la poésie populaire est restée fidèle aux anciens thèmes, pour les raisons que nous connaissons.

Le peuple, aujourd'hui comme alors, continue à lire les petits poèmes chevaleresques, les testaments, les chants en octaves (*strambotti*), les « chansons » (*canzoni*), les légendes des saints et les débats rimés (*contrasti*), dont quelques-uns sont parvenus jusqu'à nous inchangés à travers les siècles et d'autres sont des compositions nouvelles, mais presque toujours sur les mètres et sur les sujets anciens.

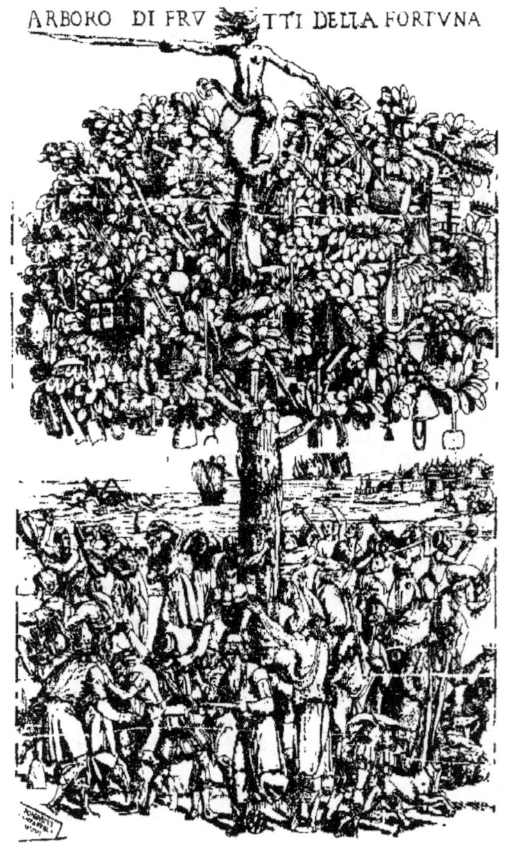

« L'Arbre de Fortune. » Gravure sur bois en deux pièces, de la première moitié du XVIe siècle provenant du fonds Soliani. La signature et la date indiquée en bas et à gauche ont été ajoutées pour tromper les acheteurs de ces retirages. (Dim. 72 × 52 cm.)

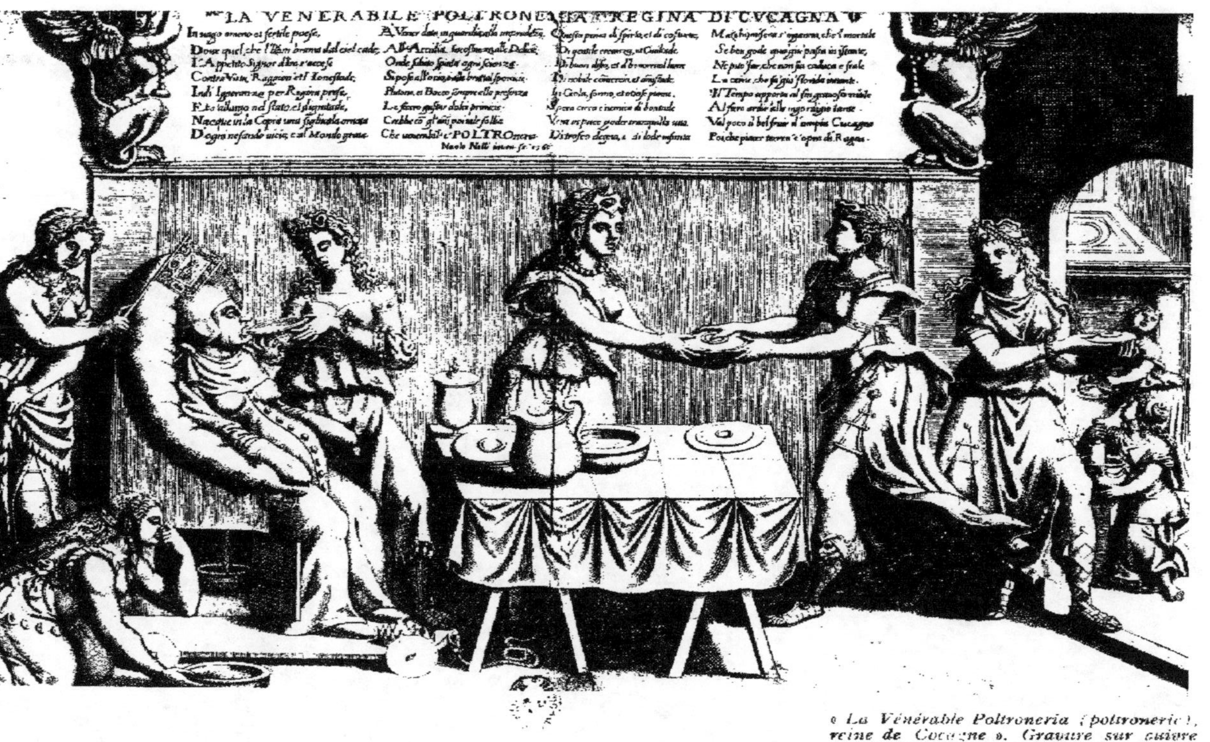

« La Vénérable Poltroneria (poltronerie), reine de Cocagne ». Gravure sur cuivre de Nicolò Nelli, Rome, 1565. La plus ancienne gravure datée sur le fameux thème du pays de Cocagne. La Servante qui évente la reine se sert d'un ventolo comme ceux que nous reproduisons plus loin.

VII/ OPPORTUNITÉ DE CLASSER LES IMAGES SUIVANT UN PLAN QUI METTE EN ÉVIDENCE LEUR UNITÉ REPRÉSENTATIVE.

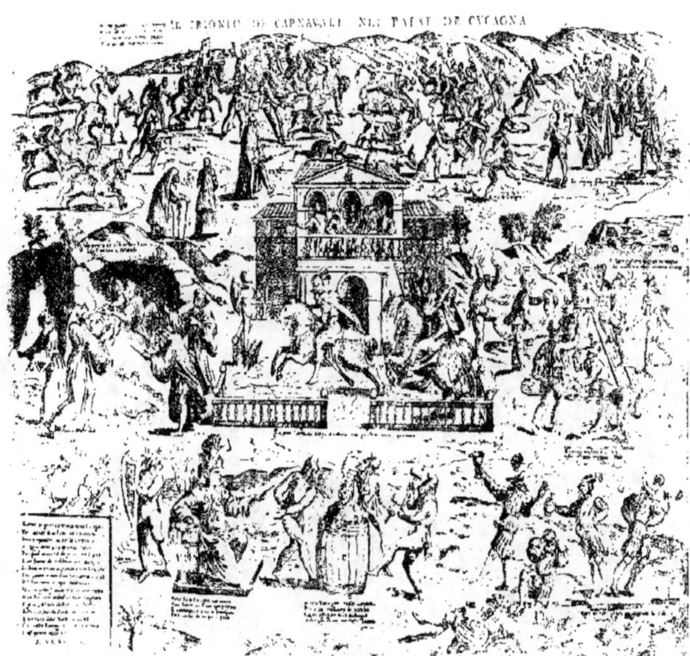

« Le Triomphe de Carnaval au pays de Cocagne. » Taille-douce. Venise, 1569, par Ferrante Bertelli. (Dim. 490 × 385 mm.)

VII/ La pensée populaire s'est manifestée, au cours de cette longue période, par le moyen d'images dont quelques-unes s'inspirent des motifs traditionnels, et dont d'autres traitent des thèmes qui semblent n'avoir aucun rapport avec les anciens, mais n'en sont pas moins dérivés. Prise dans son ensemble, l'iconographie dont nous nous occupons, ainsi qu'on l'a dit précédemment, nous offre le tableau parfait de la vie spirituelle du peuple italien, soit qu'elle nous raconte ses peines et ses plaisirs, soit qu'elle affronte les problèmes les plus ardus de la religion et de la vie future.

Si nous voulons que de l'immense fouillis des estampes se dégage avec clarté et évidence l'unité de ce qu'elles représentent, il faut les ordonner en rapprochant les différents motifs de leurs dérivations et en considérant à part ce qui est le produit occasionnel d'un moment déterminé. Le classement que l'on suit, par exemple, pour les estampes classiques qui sont divisées par auteurs, par écoles

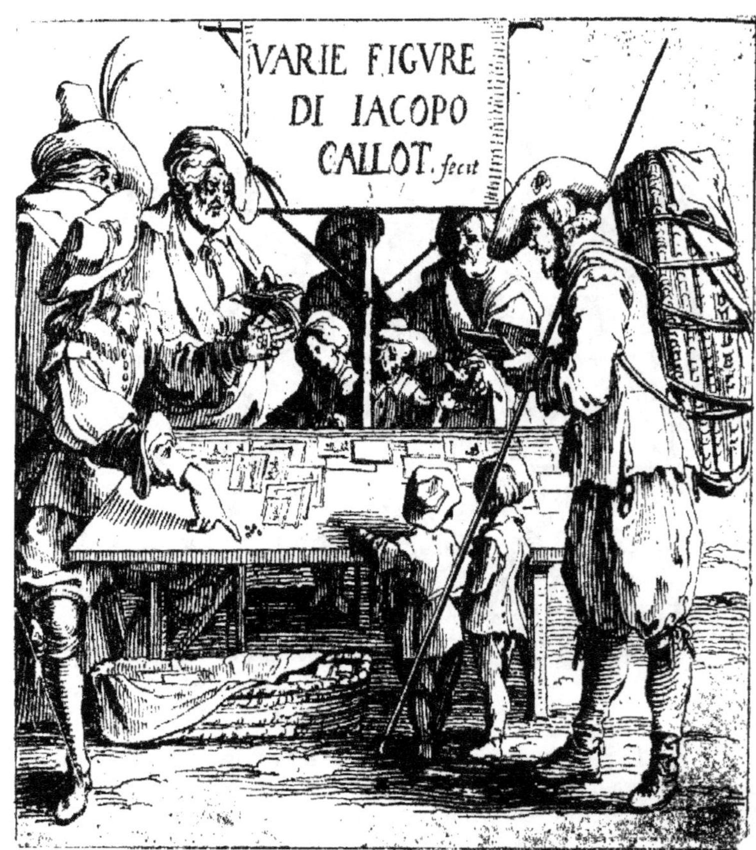

« Le Marchand d'estampes. » Gravure de Jacques Callot. Circa 1614.

ou encore par centres de production ne servirait en rien notre but, car les fins pour lesquelles elles ont été conçues diffèrent trop du but des estampes populaires. Les premières, par leur valeur artistique, constituent une œuvre personnelle et complète en soi et, par conséquent, peuvent être étudiées séparément ; les secondes, au contraire, sont des éléments isolés destinés à compléter une scène plus grande, et, partant, doivent être étudiées dans leur ensemble, parce que toutes concourent de différentes manières à représenter sur un tableau unique l'image de la vie populaire.

VIII - PLAN ANALYTIQUE DE L'ICONOGRAPHIE POPULAIRE ITALIENNE

I/ LA DIVINITÉ

1. *Dieu, la Trinité.* — 2. *Jésus-Christ* : A. Le Sauveur, l'Enfant-Jésus, les crèches ; B. Le Rédempteur, la Passion et la Mort, la Résurrection. — 3. *La Vierge Marie :* A. Seule ; l'Annonciation ; B. Avec l'Enfant-Jésus ; C. Conversant (*in sacra conversazione*) ; D. Images miraculeuses ; E. Épisodes de la vie et de la mort de la Vierge. — 4. *Les Anges :* A. Saint-Michel ; B. L'Ange Gardien. — 5. *Les Apôtres et les Évangélistes.* — 6. *Saints, Martyrs, Confesseurs et Bienheureux :* A. Thaumaturges ; B. Protecteurs de classes sociales et de lieux; C. Patrons à invoquer contre les calamités. — 7. *Saintes, Martyres, Vierges.* — 8. *L'Ancien Testament* (Épisodes) : A. Création du Monde et de l'Homme ; B. Déluge ; C. Jacob et l'Échelle Céleste ; D. Joseph l'Hébreu ; E. Daniel ; F. Prophètes et Sibylles. — 9. *Le Nouveau Testament* (Épisodes). — 10. *Les sept Sacrements :* Les sept œuvres de miséricorde. — 11. *Symbolisme ascétique :* Images de piété. — 12. Superstitions.

II/ LE MONDE ET LES CRÉATURES

1. *Les quatre Éléments.* — 2. *Les sept Planètes* et leurs influx. — 3. *Les quatre Parties du monde :* Caractères des différents peuples. — 4. *Les quatre Saisons.* — 5. *Les douze Mois :* A. Travaux agricoles ; B. Météorologie populaire ; C. Almanachs et calendriers. — 6. *Le Jour et la Nuit.* — 7. *Le Monde animal :* A. Animaux fabuleux et symboliques ; B. Sauvages ; C. Domestiques. 8. *Le Monde végétal* et le monde minéral.

III/ L'HOMME

1. *L'Homme physique :* A. Les quatre tempéraments, Les sept complexions ; B. Les quatre âges de l'homme (jeux d'enfants) ; C. Infirmités et mort corporelle, « La danse macabre ». — 2. *L'Homme moral :* A. Les vertus théologales et cardinales ; B. Les sept péchés capitaux : Orgueil, Colère, Envie (guerres, batailles, meurtres, litiges, mauvais gouvernement, disettes, pestes), Avarice (soif de l'or, avidité, intérêt), Gourmandise (les buveurs, le triomphe de Bacchus),

Luxure (la prostituée, sa triste fin), Paresse (le pays de Cocagne, la fainéantise). — 3. *La Société humaine :* A. Les classes du monde : Clergé (sciences, arts, professions nobles), Noblesse (armes, arts chevaleresques), Bourgeoisie (négoce, commerce, industrie ; relations d'événements) ; B. Le peuple des villes et des campagnes : des villes (les métiers ambulants, les types locaux), des campagnes (la vie du paysan, ses fléaux et ses vices). — 4. *La Fortune :* A. Prospère : richesses, gains, honneurs pour les indignes ; B. Contraire : désespoir, fraudes, les troupes des ruinés, les vagabonds, les joueurs, les charlatans. — 5. *L'Amour et le mariage :* A. Plaisirs et déceptions d'amour ; B. Le mariage, ses déboires. — 6. *Le Monde tel qu'il est et tel qu'il devrait être :* A. Folie, l'esprit satirique et railleur ; Caricatures d'hommes et de choses ; B. Sagesse. — 7. *Fêtes* et divertissements populaires : A. Foires, représentations en plein air, marionnettes ; B. Le Carnaval et le Carême ; C. Les masques ; D. Les jeux de dés, de cartes, etc.

IV/ L'AU-DELA

Le cycle des quatre fins de l'homme.

1. *La seconde mort.* — 2. *L'Antéchrist* et son règne sur la terre. — 3. *Les quinze signes avant-coureurs* de la fin du monde. — 4. *Le jugement dernier.* — 5. *L'Enfer* et ses suppôts : A. Diables, esprits follets ; B. Magiciens et sorcières. — 6. *Le Purgatoire.* — 7. *Le Paradis.*

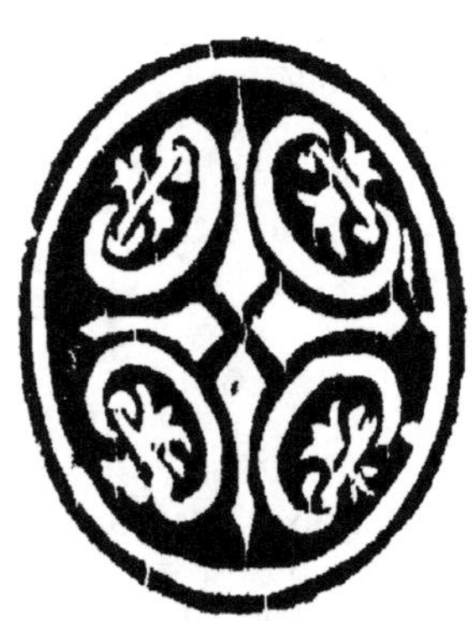

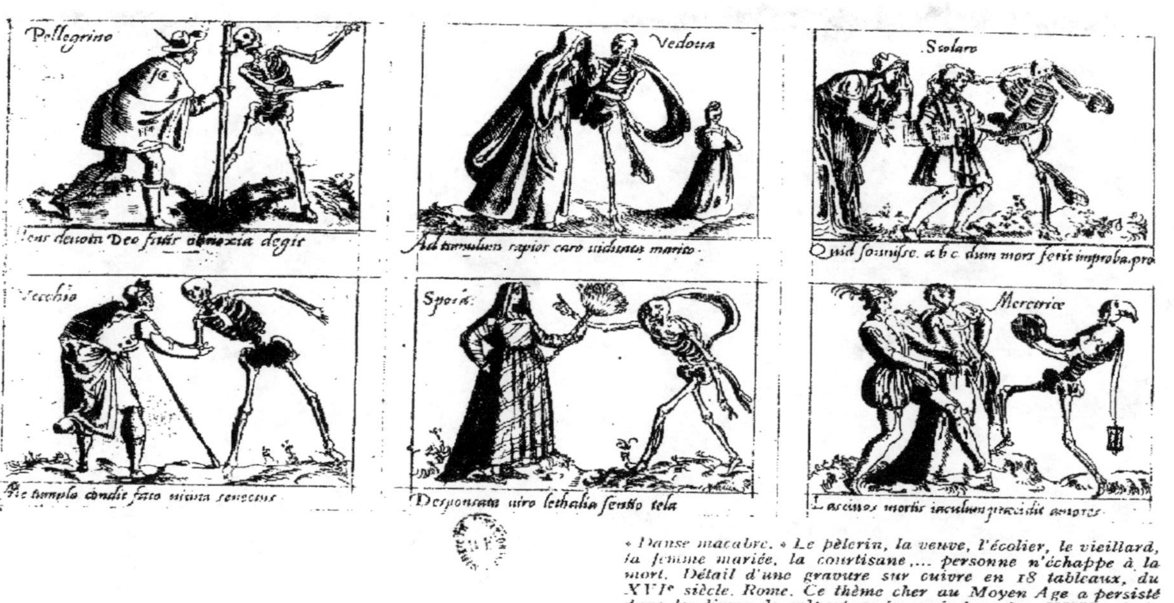

« Danse macabre. » Le pèlerin, la veuve, l'écolier, le vieillard, la femme mariée, la courtisane,... personne n'échappe à la mort. Détail d'une gravure sur cuivre en 18 tableaux, du XVIe siècle. Rome. Ce thème cher au Moyen Age a persisté dans les livres de colportage français jusqu'au XVIIe siècle (Garnier, Troyes, 1641), mais n'a pas été adopté par l'imagerie populaire en France. (Cabinet des Estampes, Paris.)

JUSTIFICATION DU PLAN. — CARACTÈRES SPÉCIFIQUES DE L'IMAGERIE ITALIENNE

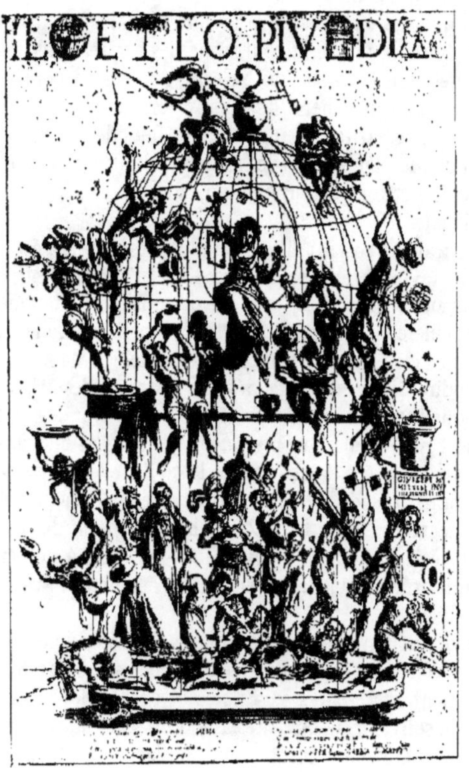

« Le Monde, cage des fous. » Taille-douce, gravée par J.-M. Mitelli, à Bologne, 1684. (Dim. 48,5 × 35,5.)

Le plan proposé peut paraître un sommaire scolastique de la vie au Moyen Age : il n'est cependant que la conséquence logique de ce qui a été dit au précédent chapitre. J'ajoute que c'est d'après ces idées directrices que les 18 000 estampes populaires du Cabinet des Estampes de la commune de Milan ont été classées, sans que la division ait donné lieu à des inconvénients.

Les différentes catégories se justifient par le fait que les thèmes fondamentaux ont leur origine en d'autres thèmes d'une ancienneté très lointaine, que le peuple a continué à reproduire pendant une période plusieurs fois séculaire, y ajoutant seulement soit des dérivations, soit des thèmes nouveaux, nés la plupart du temps de faits transitoires.

C'est ainsi que des « classes de la société humaine » proviennent les fourberies des intrigants, la vie de la courtisane, les occupations du ménage et la représentation des trois états sociaux : clergé, noblesse et bourgeoisie ; parmi les faits occasionnels je mentionnerai les illustrations de batailles et d'événements, les « types locaux », les satires et en général les faits de la chronique journalière. Il était naturel que le plan reflétât les sources primitives qui gouvernent tout le développement de notre iconographie, qui, dans ses manifestations, est unitaire plutôt que régionale.

Les motifs italiens restent libres d'influences étrangères ; les nombreuses figures régionales qu'on observe en d'autres États n'ont pas fleuri autour d'eux, de sorte que la tradition constante est plus facilement visible. Il manque dans les images italiennes, non seulement les séries didactiques, mais encore les séries enfantines et militaires dont l'iconographie française, espagnole et flamande sont si riches.

On peut en dire autant des légendes, des histoires, des prières et des vies des saints, dans lesquelles la scène est représentée par de grandes figures en couleurs gravées sur bois, comme celles que mettaient en vente les imagiers de Chartres et d'Orléans. Dans nos images, le charme de la couleur est presque inconnu, et le récit de la fin dramatique de Pyrame et de Thisbé, des amours de Florindo et de Chiarastella, la légende de saint Alexis et la description du jugement dernier, depuis le XVIe siècle jusqu'à nos jours, ont été dévolus à de petits livres, dont le frontispice était orné de xylographies, toujours en noir, n'ayant souvent aucun rapport avec le récit.

On ne trouve pas non plus dans les images de piété, si nombreuses en Italie, les emblèmes des confréries, les bannières des processions, les drapelets des pèlerinages si largement représentés en France et en Belgique.

Chez nous, le souvenir de la visite faite à un sanctuaire, les saints patrons des corporations, guérisseurs, protecteurs de classes sociales, sont représentés par de petites images qui intéressent sans doute par la légende explicative, mais manquent de la variété picturale qui distingue celles des autres pays, et l'une des raisons en est que, lorsque les cuivres étaient trop usagés, un fidèle de la corporation y faisait faire quelque retouche et l'on continuait à s'en servir.

Je ne crois pas que dans les images italiennes on puisse trouver la libre manifestation de l'art populaire, qui s'épanouit au contraire si vigoureusement dans l'ouvrage fait à la main.

Chez nous, il n'y avait pas de corporations d'imagiers ; aussi l'image était-elle publiée un peu par tous, par les petites comme par les grandes typographies, par les modestes graveurs comme par les maîtres du burin.

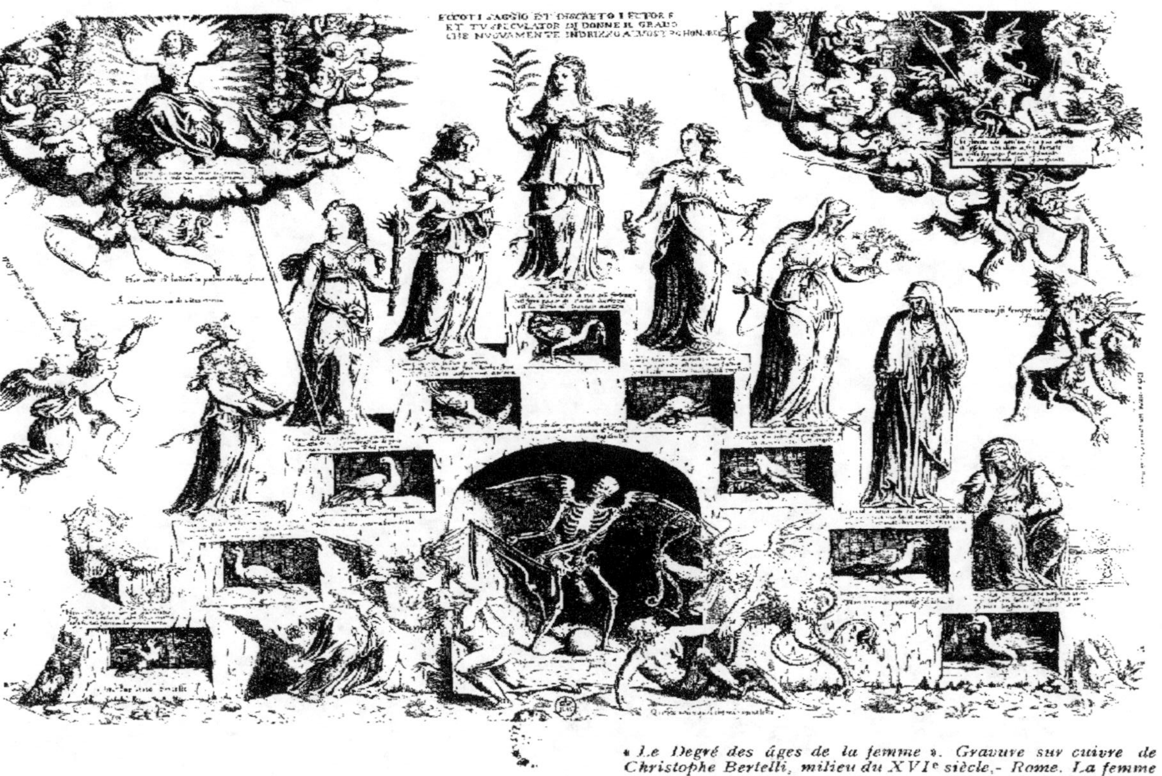

« Le Degré des âges de la femme ». Gravure sur cuivre de Christophe Bertelli, milieu du XVIe siècle,- Rome. La femme est comparée au jeune oiseau, au paon, au perroquet, au corbeau, à l'oie. À droite, l'enfer ; à gauche, le ciel. Ce thème et cette disposition en gradins passeront dans l'imagerie populaire de plusieurs pays et y subsisteront jusqu'à la fin du XIXe siècle (voir p. 71) (Cabinet des Estampes, Paris.)

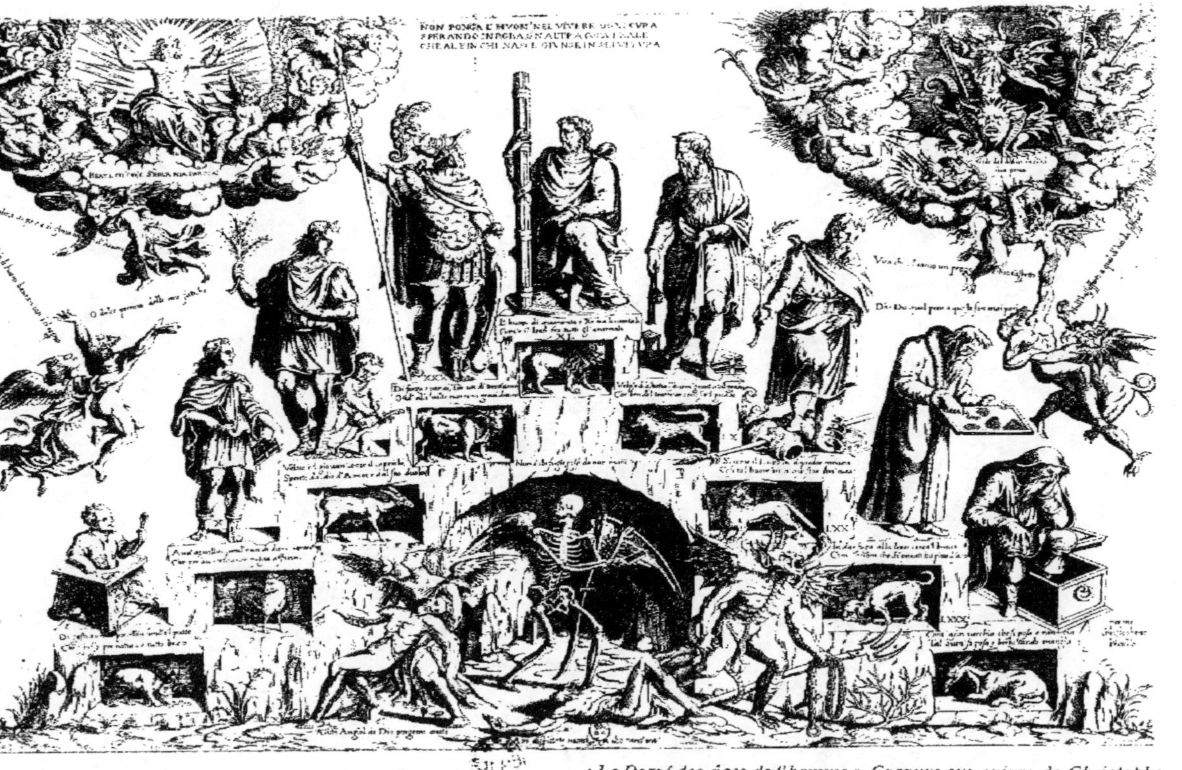

« Le Degré des âges de l'homme. » Gravure sur cuivre de Christophe Bertelli, Rome, milieu du XVIe siècle. Comme son pendant, « les Ages de la femme », une des versions les plus anciennes du thème « le Degré des âges ». L'homme est comparé au goret, à l'agneau, au renard,... à l'âne, selon son âge, indiqué sur les degrés, tandis que par galanterie peut-être il ne figure pas dans la gravure des âges de la femme (voir p. 33). *(Cabinet des Estampes, Paris.)*

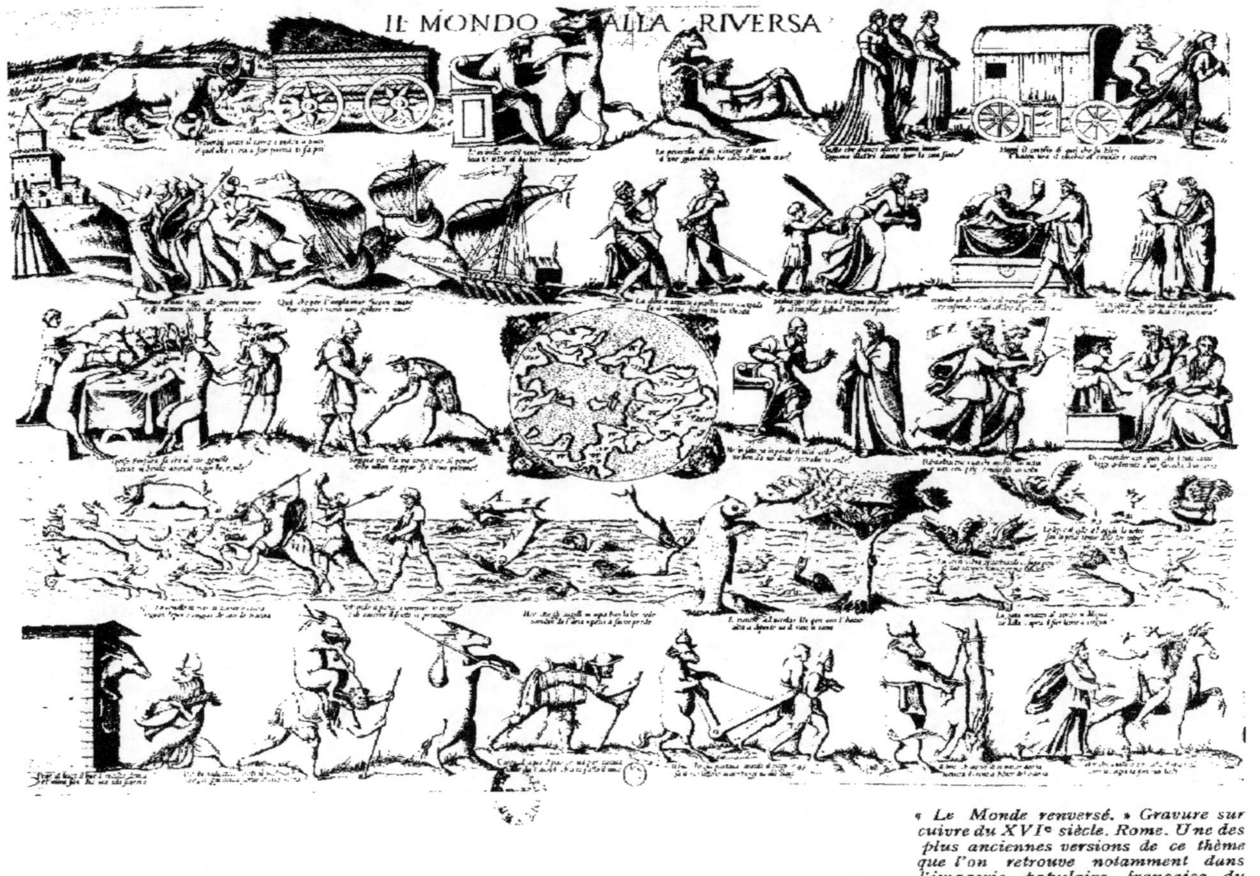

« Le Monde renversé. » Gravure sur cuivre du XVIe siècle. Rome. Une des plus anciennes versions de ce thème que l'on retrouve notamment dans l'imagerie populaire française du XVIIIe siècle, au Mans, à Chartres, etc. (Cabinet des estampes, Paris.)

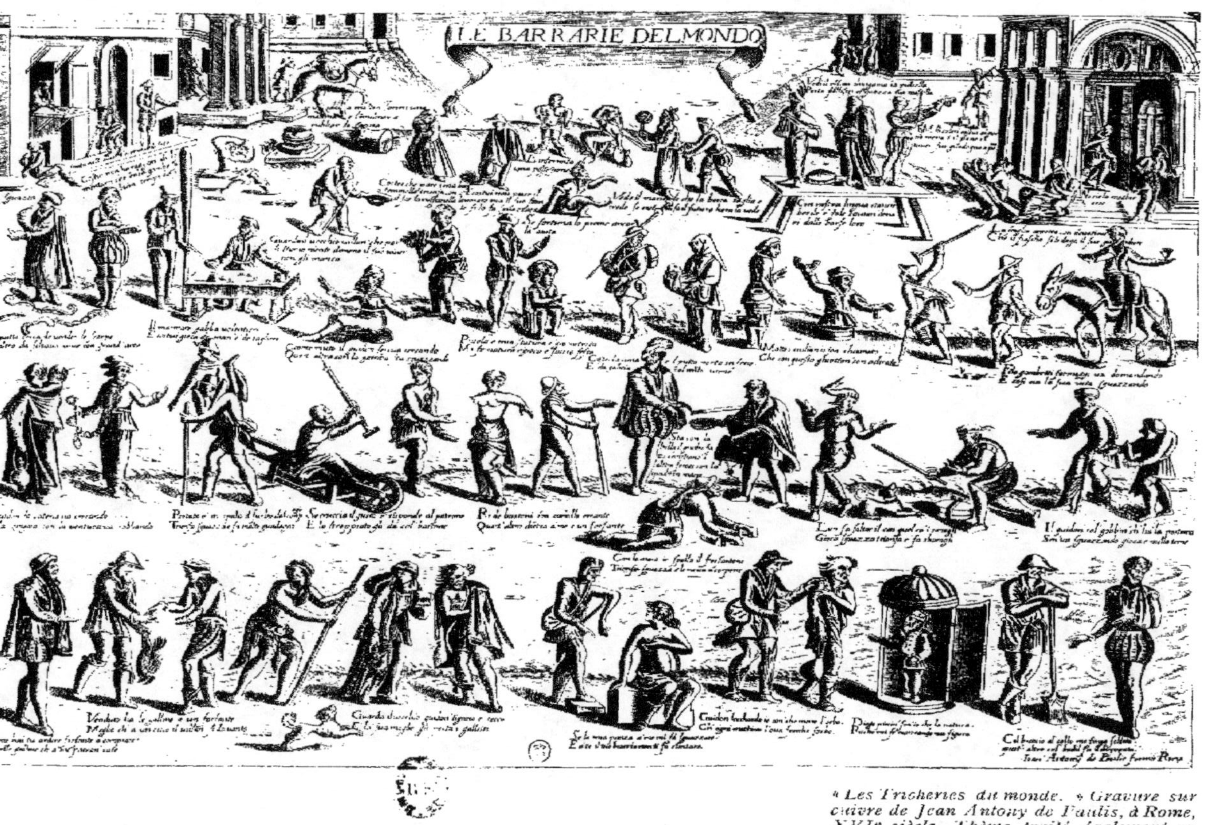

« Les Tricheries du monde. » Gravure sur cuivre de Jean Antony de Paulis, à Rome, XVIe siècle. Thème traité également en France : « Les Trucheurs », « tableau de l'industrie ou le moyen d'avoir de l'argent sans rien faire », chez J.-B. Bonnart, à Paris, etc. (Cabinet des Estampes, à Paris.)

A Venise, Ferrante Bertelli, l'éditeur du premier atlas italien, publie vers 1560 le *Monde à l'envers*; à Rome, Antoine Lafréry, le premier éditeur des ruines de Rome, ne dédaigne pas, à la page 130 de son catalogue, de faire suivre les dessins de Michel-Ange, de Raphaël et de Pierino del Vaga, de la *Cage des*

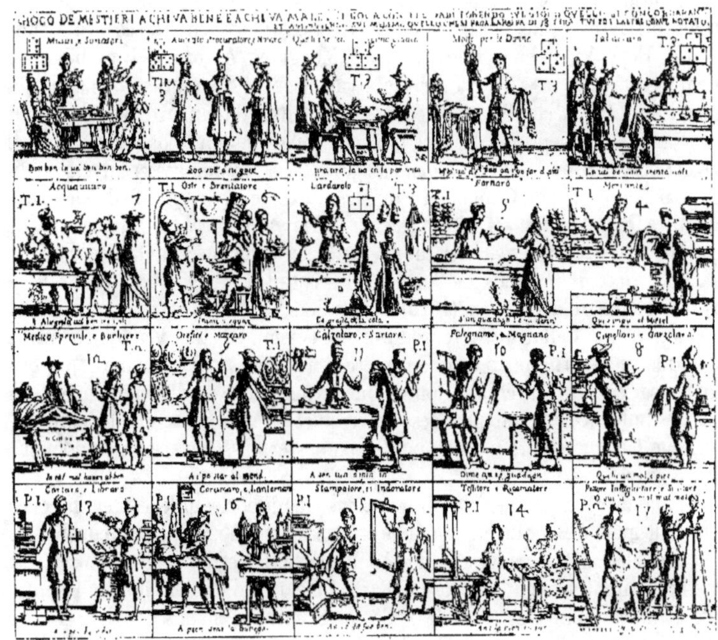

« *Le Jeu des Métiers.* » Taille-douce gravée par Mitelli, Bologne, 1698.

fous et d'une longue liste d'estampes populaires (voir page 84). Il en est de même dans le domaine typographique ; les Soliani, qui étaient les typographes des grands-ducs de Modène, fournirent pendant plus de deux siècles les marchés et les foires de l'Émilie de leurs opuscules et de leurs images (voir pages 95 et suivantes). Ce même commerce était fait à Milan par les Malatesta, qui furent les typographes officiels des différents gouvernements qui se sont succédé en Lombardie depuis la fin du XVIe siècle jusqu'à l'arrivée des Français, en 1796.

Les images italiennes, à partir du XVIe siècle, sont pour la plupart gravées sur cuivre ; l'artiste qui devait les buriner ne pouvant tirer sa subsistance de ce seul travail, il arrivait qu'après avoir terminé un saint ou un masque, il gravait une carte géographique, un plan de ville ou l'ornement d'un livre. Ces passages continuels d'un travail à l'autre de nature toute différente et les influences qu'un graveur exerçait sur un autre enlèvent à nos images la fraîche naïveté de représentation que l'on observe souvent dans celles d'outre-monts.

Ce qui a contribué aussi à affaiblir leurs caractères spécifiques et à les rendre plus uniformes dans leurs aspects, ce sont les efforts des graveurs pour les rapprocher des formes plus voisines de la perfection qu'avaient tracées les grands maîtres. Déjà Villamena, Bertelli, Jean Maggi et Ambroise Brambilla s'y étaient essayés avec assez de hauteur et avaient gravé des motifs populaires dès le début du XVIe siècle. Plus tard encore, des maîtres d'un mérite bien supérieur alternèrent les conceptions de l'art pur avec celles de l'art populaire. Annibal Carracci dessinait *les métiers ambulants de Bologne*, reproduits en diverses éditions, par Mitelli, Simon Guillain et François Curti ; le frère d'Annibal, Augustin, gravait les *Quatre mendiants* avec la légende : *Vivimus ex raptu*, ainsi que nombre de petites images dont les cuivres furent par la suite vendus à Stéfanoni. Stefano della Bella gravait des jeux de cartes et l'éventail à rébus avec l'image de la Fortune, tandis qu'à Florence (1619) la bataille allégorique entre le roi Tessi et le roi Tinta, que Callot avait reproduite sur l'éventail, était vendue en même temps que sa description poétique, œuvre d'un ménestrel anonyme (1). Nous pouvons par conséquent établir que ce fut à cause de la tradition dominante, à cause des influences réciproques des graveurs et de la promiscuité de leurs travaux, que l'art populaire n'a pas pu se manifester aussi vivace en ce domaine qu'en d'autres.

Il ne faudrait pas donner à ces observations plus de portée qu'elles n'en ont ; elles visent seulement à fixer un critérium de prépondérance d'une forme sur une autre.

Jusqu'aux premières années du XVIe siècle, les estampes populaires italiennes revêtirent souvent une forme d'art, mais quand les courants de l'humanisme commencèrent à se répandre, elles passèrent aux mains d'artistes moins que médiocres, qui, à la grâce et à la naïve spontanéité des premières, substituèrent les règles imposées par des lois conventionnelles.

L'humanisme a sans doute bien mérité de la culture ; mais par le mirage continuel de Rome et de l'antiquité classique il a empêché que les arts plastiques nobles ou plébéiens représentent notre vie intime et journalière aussi largement que ceux des autres nations.

L'espace qui m'est accordé ne me permet pas de développer mon plan dans ses détails : je me bornerai donc à exposer les caractéristiques des différentes classes et à rappeler les sujets préférés par l'iconographie italienne.

(1) *Bataille entre Tisserands et Teinturiers, Fête sur l'Arno* (Florence, alle Stelle Medicee, 1619).

IL MISERABILE FINE DI QVELLI

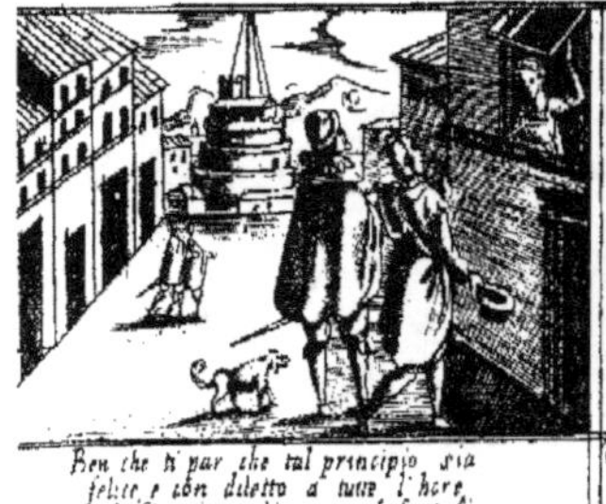

Ben che ti par che tal principio sia
felice, e con diletto a tutte l'hore,
nel fin ti uoglio per tal fantasia.

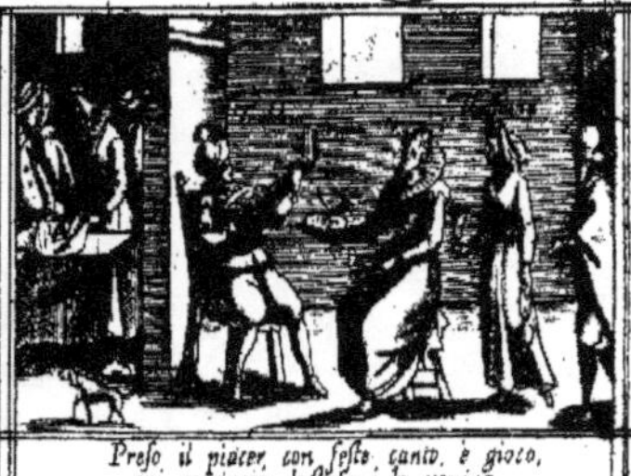

Preso il piacer, con feste, canto, è gioco,
qui comincia la spesa è la rouina.
vero principio del Tartareo fuoco.

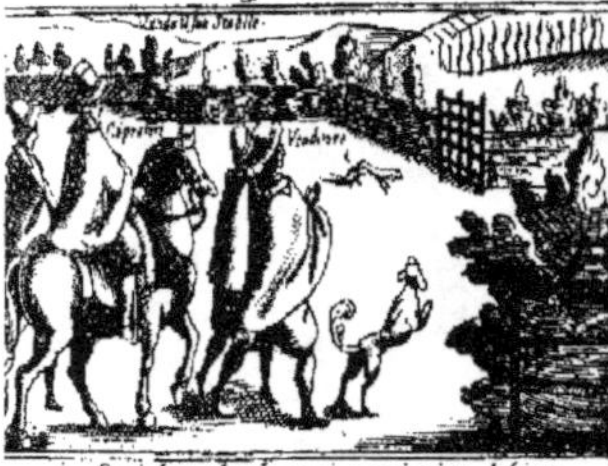

Quel ben che da tuoi morti uien lasciato
hor per costei, tu el uendi e butti uia,
miser che fai che sei mal consigliato.

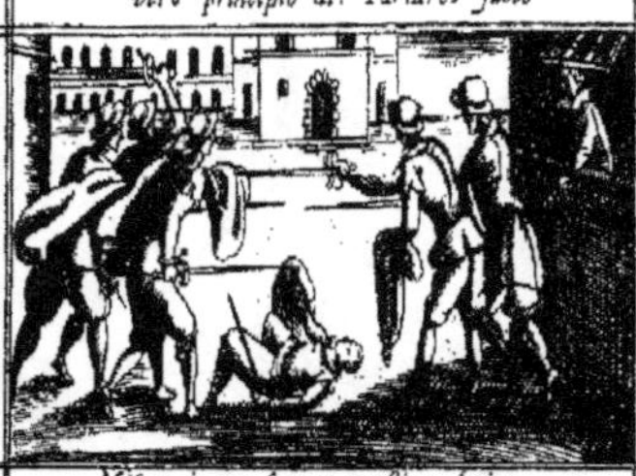

Misero è pur se per question ferito
Ouer ferisce ù morte per costei.
in tutti i modi il danno uien compito.

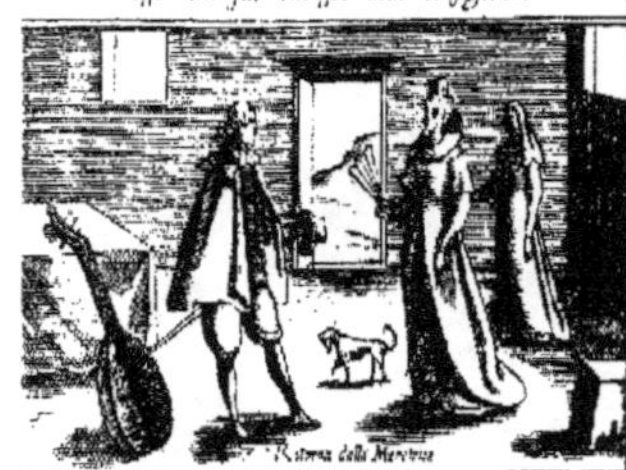

Fuggi costei non li tornar piu mai
fede non dar a false sue parole.
chi al fin gabbato tu ti trouerai.

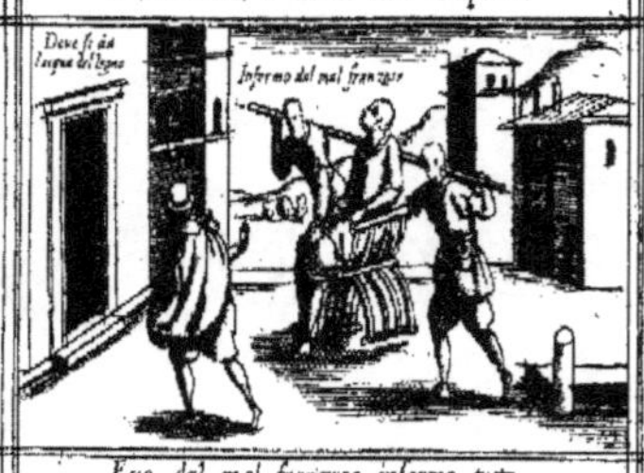

Ecco dal mal franzese infermo tutto,
bisognando pigliar l'acqua del legno,
ne esce da poi con gran trauaglio e luto.

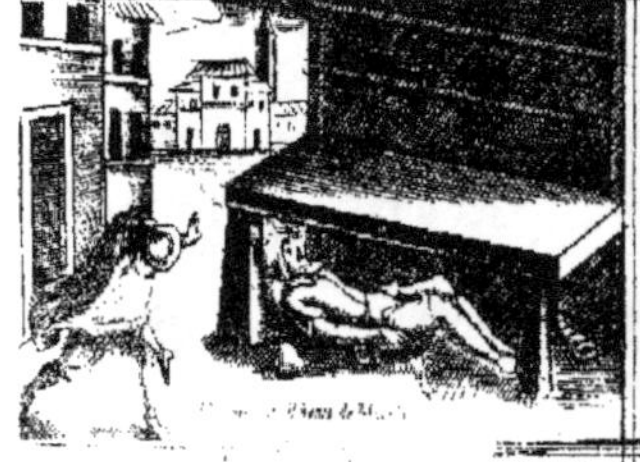

[illegible] e uerno
[illegible] ouaro,
[illegible] l'inferno
[illegible] riparo.

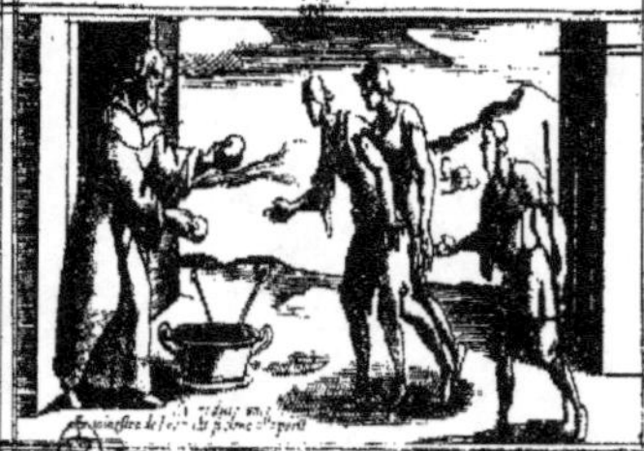

Guardisi di cader chi siede in alto
che quanto in alto el maggior [illegible] siede
miserabile fin quanto si uede
cadendo sentira maggiore il salto

[illegible] Ferrantes
formis Romæ
[illegible] permissu
[illegible]

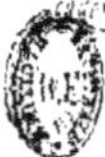

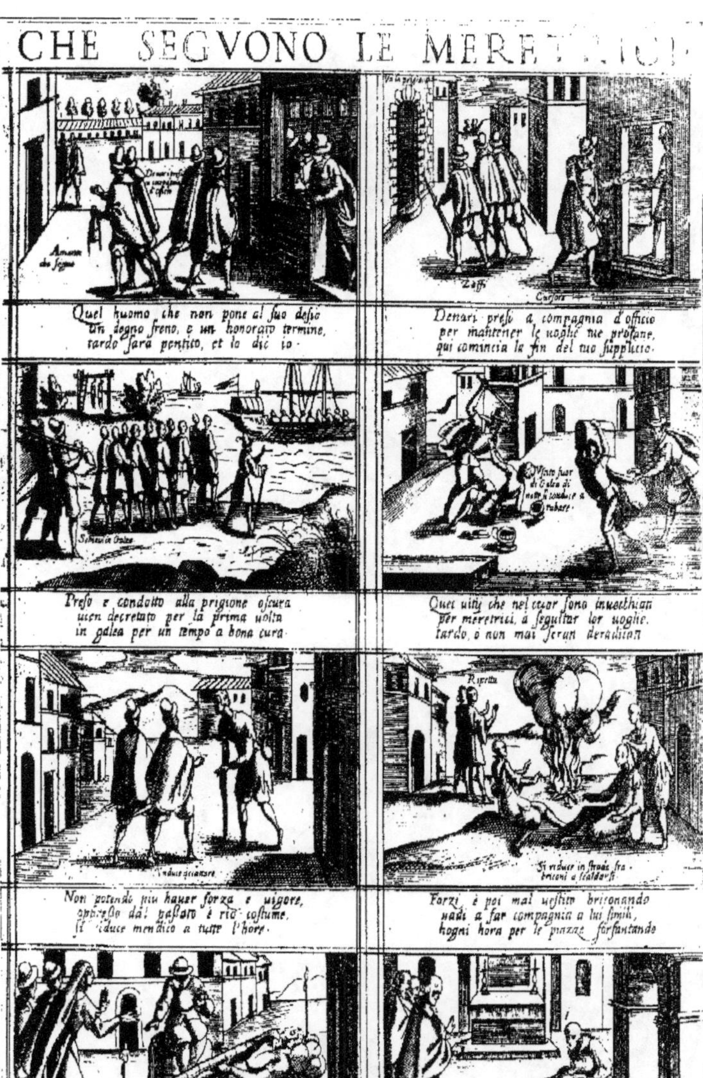

« La misérable Fin de ceux qui s'adonnent aux courtisanes ». Gravure sur cuivre en deux parties, de Calixte Ferrantes, à Rome, datée de 1611. (Cabinet des Estampes, Paris.)

I/ LA DIVINITÉ

I/ Diffusion de l'image religieuse. — II/ Son caractère régional. — III/ Les crèches. — IV/ Les saints protecteurs. — Souvenirs des sanctuaires.

Il n'est pas besoin de démontrer que l'Italie, siège du catholicisme, où le clergé a eu pendant des siècles le gouvernement spirituel absolu des masses, ait un très grand nombre d'images religieuses. On sait que le plus ancien document imprimé, avec une date certaine (Mayence, Gutenberg, 1459) est la lettre d'indulgence par laquelle le pape Nicolas V accordait des grâces spirituelles aux fidèles qui avaient prêté leur secours financier au roi de Chypre, ruiné par la guerre contre les Turcs. C'est ce qui s'est passé aussi dans le domaine iconographique : les plus récentes découvertes mettent continuellement au jour des prototypes religieux. Ceci confirme la supposition d'après laquelle dès l'origine de l'imprimerie l'Église a cherché à répandre les images pour tenir en éveil le culte du peuple, et les ordres religieux en ont suivi l'exemple pour mettre en évidence les prérogatives spéciales du saint dont ils suivaient la règle. Il serait facile, à la lumière des nombreux livres publiés, de citer beaucoup d'exemples tirés des primitifs, mais leur étude regarde peut-être plus l'histoire de l'art que celle de l'image populaire ; c'est pourquoi je passe à des temps plus modernes.

D'après le Catalogue Lafréry et surtout d'après celui de L. Vaccari (voir pages 84 et 87), nous voyons que dès cette époque on imprimait les images à raison de une à douze par feuille ; souvent le saint était représenté par des dessins différents sur la même feuille.

Le commerce des images ne se faisait pas seulement dans les boutiques ; mais elles étaient vendues aussi par des marchands ambulants spécialisés qui faisaient le tour des villages et avaient pour seule marchandise des chapelets, des images et des prières. Certaines vieilles gravures représentent encore un moine, ou un soi-disant moine, qui, arrivé sur la place du village, ouvre un petit tabernacle qui renferme les images de quelque madone à miracles et qui, après avoir rappelé les grâces qu'elle répand, la vend à son dévot public.

L'estampe sacrée garde d'une façon évidente l'uniformité de représentation, car des règles fixes, maintenues constamment en vigueur par les autorités ecclésiastiques, l'imposaient.

La tradition était souvent battue en brèche par les classes les plus humbles, auxquelles, en raison de leur faible goût artistique, ç'eût été peine inutile d'offrir une image née de l'imagination d'un Beato Angelico. Ce que le peuple aimait, c'étaient les madones transpercées d'épées semblables à celles que maniaient les Paladins et qui luisaient dans les tournois, et il ne comprenait l'*Ecce Homo* qu'enchaîné comme Prométhée et saignant sous le poids de l'énorme couronne d'épines.

D'autres fois, les règles étaient violées en faveur d'un réalisme qui était peut-être plus conforme au goût des masses. Sur les portes de bronze du Baptistère de Florence, œuvre de Laurent Ghiberti (1403-1424), la Vierge qui visite sainte Élisabeth est représentée par des lignes qui révèlent une prochaine maternité ; c'est ce qu'on voit aussi dans le tableau de Raphaël, au Musée du Prado. Cette façon de représenter la Vierge, quoique contraire aux canons de l'Église, est adoptée par les imagiers de tous les pays : à Venise, par Wagner ; à Paris, chez Dubois, rue Saint-Jacques, vis-à-vis du collège de Plessis, et à Paris, chez Duflos ; à Augsbourg, chez M. Engelbrecht, Jean-Georges Hertel et Joseph-Frédéric Hertel.

L'image de piété est presque toujours régionale ; elle représente les saints et les pratiques dévotes en honneur dans les différentes provinces, à telle enseigne que les frontières politiques servaient presque de barrière à sa diffusion. Mais lorsqu'elle s'accompagnait de prières, destinées à obtenir des indulgences, non seulement elle se répétait de région en région, mais même hors de l'Italie.

Un exemple de copie, que je dirai presque internationale, m'est offert par une image éditée par Jacques Granthome (192 × 130 mm).

Dans la légende, en tête de l'image, on lit : « Nostre Sainct Père le pape Alexandre Sixième de ce nom a concédé trente ans de pardon à tous ceux qui trois fois diront la soubescripte oraison devant l'image de sainte Anne... Ce mesme pardon le dict S. Père le Pape a publié par sa propre bouche l'an 1494. » Sous la prière, on a gravé : « Imprimé à Rome, en Ferrare, à Vérone. De nouveau à Trevigi (Trévise) l'an 1592. Derechef en Anvers l'an 1598. Depuis à Paris, l'an 1601. » La gravure a donc été publiée deux fois dans les États de l'Église, deux fois dans ceux de Venise, puis en Hollande et en France.

Notez qu'on a continué à réimprimer cette image malgré l'interdiction de l'Église et qu'on la retrouve encore mentionnée parmi les interdits dans la liste des *Images indécentes et illicites*, jointe à l'*Index librorum prohibitorum*, édité à Rome en 1704 (p. 538).

Les images qui se rattachent le mieux au folklore sont celles qui étaient destinées à composer des crèches (voir page 85) et celles qui représentaient les saints protecteurs des classes sociales ou tutélaires en cas de calamité.

Dans l'Italie méridionale, les crèches étaient formées de figures de glaise ou de terre cuite, et souvent de statuettes habillées ; dans la Haute-Italie, on employait des figurines de papier appliquées sur du carton. Ce qui en fait l'intérêt, c'est que le peuple, peu soucieux de fidélité aux types ethniques ou à la vérité historique, mêlait chameaux et Maures aux bergers des Alpes et aux représentants les plus typiques des métiers du pays.

Cette pieuse et naïve coutume tend à refleurir de nouveau aujourd'hui. Elle a eu une vie glorieuse durant les deux siècles derniers, alors que des peintres

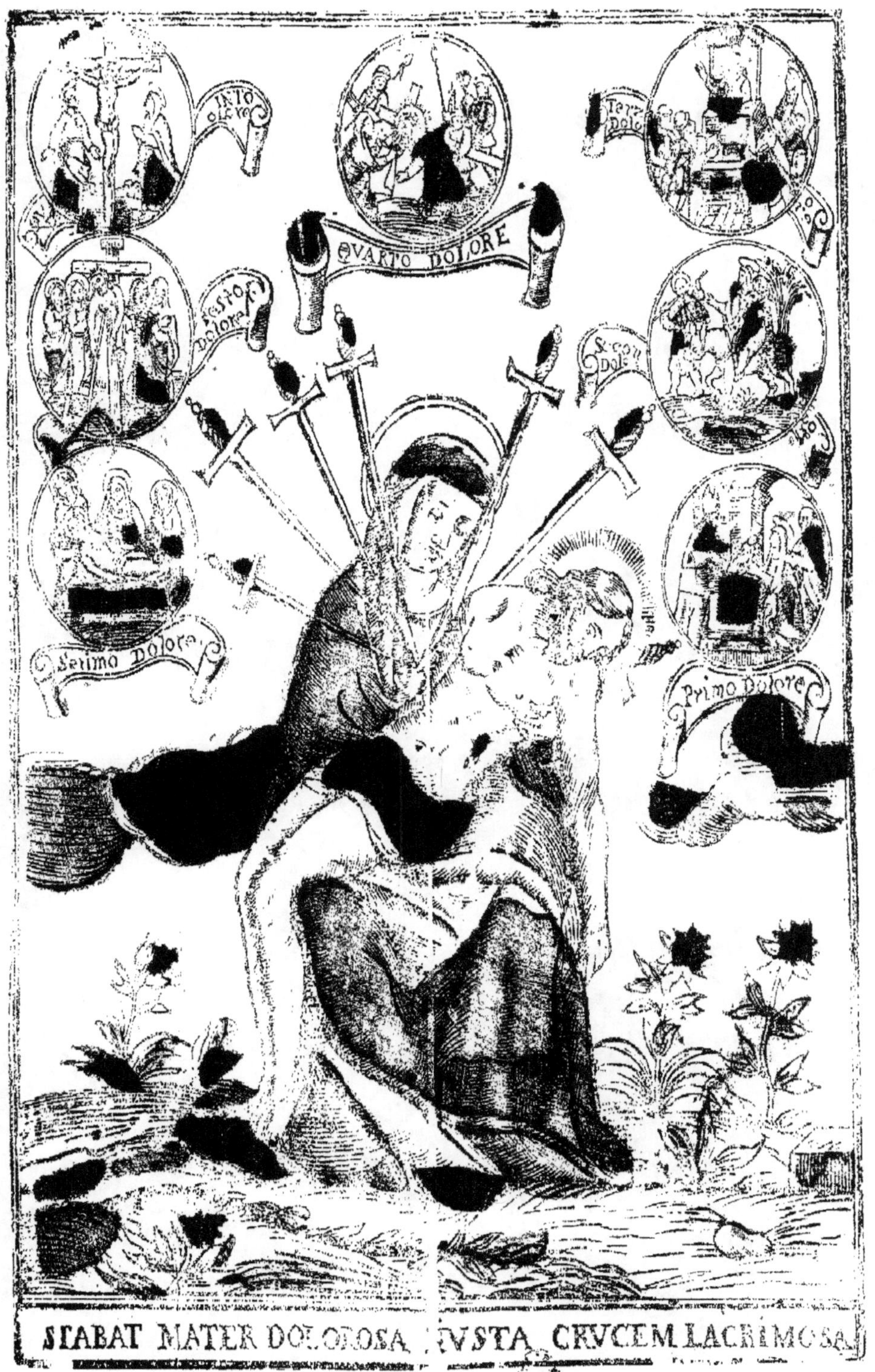
QVARTO DOLORE
Sesto Dolore
Primo Dolore
STABAT MATER DOLOROSA IVSTA CRVCEM LACRIMOSA

en renom comme François Londonio et Gaspard Galliari pourvoyaient les crèches des familles patriciennes et que André Appiani, parvenu au faîte de la gloire, en peignait pour les enfants du vice-roi Eugène de Beauharnais (Beretta G., *les Œuvres d'André Appiani* (Milan, Silvestri, 1848, p. 183).

En fait de crèches populaires milanaises, je ne connais qu'une estampe de

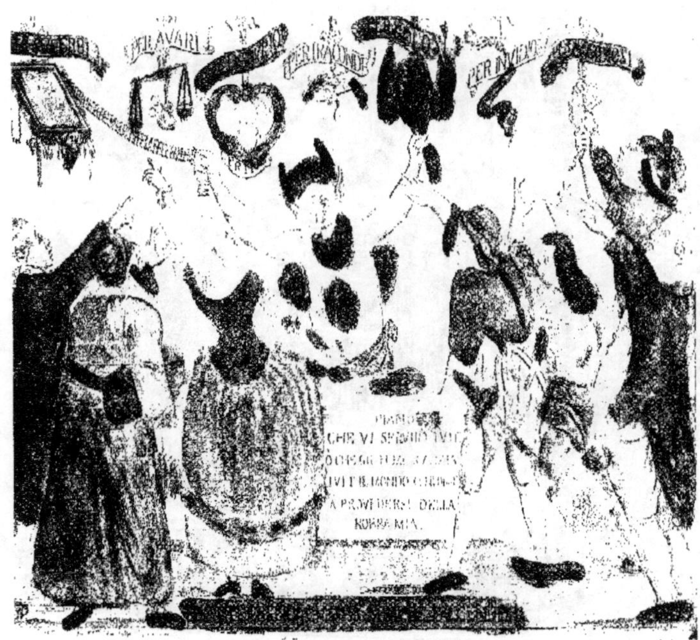

« La Boutique du Diable. » Taille-douce (coloriée au pinceau), d'après l'original de Mitelli, Milan vers 1690.

Albert Ronco, gravée vers 1610, et deux séries du XVIIIe siècle, une avec l'indication suivante « Imprimées par Jean Angiolini à l'enseigne du Lion à Milan », et l'autre gravée par Jérôme Cattaneo vers 1770. Les cuivres de ce dernier passèrent en partie à la maison P. et G. Vallardi, et en partie à César Battioli, éditeurs qui effacèrent le nom original pour le remplacer par le leur.

A partir de 1860, les crèches furent généralement imprimées par le procédé lithographique. En 1880, deux nouvelles maisons d'édition Elisée Macchi et Lebrun et Boldetti s'installèrent à Milan, mais les crèches de leur édition n'ont pas d'intérêt local, étant des copies d'images d'Épinal. Il faut mentionner cependant la crèche que Pierre-Antoine Maccanelli, très humble éditeur et peut-être graveur, a publiée à Brescia à la fin du XVIIIe siècle. Elle est composée de soixante-cinq figures gravées sur bois et réunies en neuf planches. Les bois originaux sont encore conservés au Musée de Brescia (1).

Quant aux saints protecteurs, il y en avait une cohorte toujours prête à

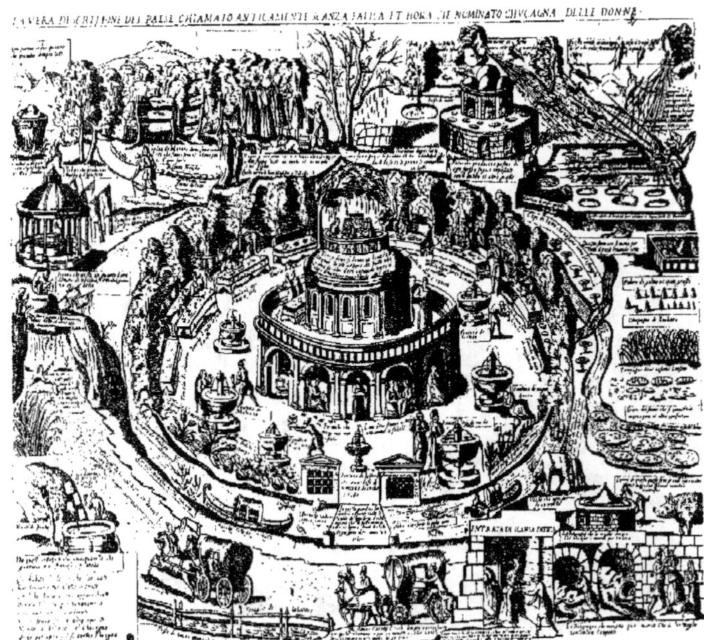

« Le Pays de Cocagne des femmes ». Rome. Taille-douce vers 1650. (Dim. 505 × 380 mm.)

secourir le fidèle qui s'adressait à eux. Ils pouvaient être invoqués pour résoudre favorablement les difficultés imprévues de la vie, pour préserver des plus étranges maladies, contre la foudre et les tremblements de terre, pour guérir les animaux, pour aider l'artisan dans ses travaux. Certains de ces saints étaient communs à toute l'Italie, comme saint Éloi pour les orfèvres, saint Joseph pour les menuisiers, saint Blaise pour les maladies de la gorge, saint Omobone pour les tailleurs, et ainsi de suite. Souvent, toutefois, la dévotion des fidèles implorait l'aide de saints et d'images vénérés dans la province ; ainsi, tandis que saint Émide est

(1) Ils ont été publiés en même temps que d'autres bois d'inspiration populaire par Georges Nicodemi, qui s'est servi des planches originales (*les Bois gravés des Musées de Brescia*, Brescia, Unione tipolito bresciana, 1921).

reconnu comme le protecteur contre les tremblements de terre, cet office est confié en d'autres lieux aux images de la madone de la Merci et en d'autres à l'effigie de la Croix de Caravacca ou à celle de saint François Borgia.

Je rappelle enfin les images données aux pèlerins en souvenir d'une visite faite à un sanctuaire, images auxquelles s'unissait souvent une espèce de relique.

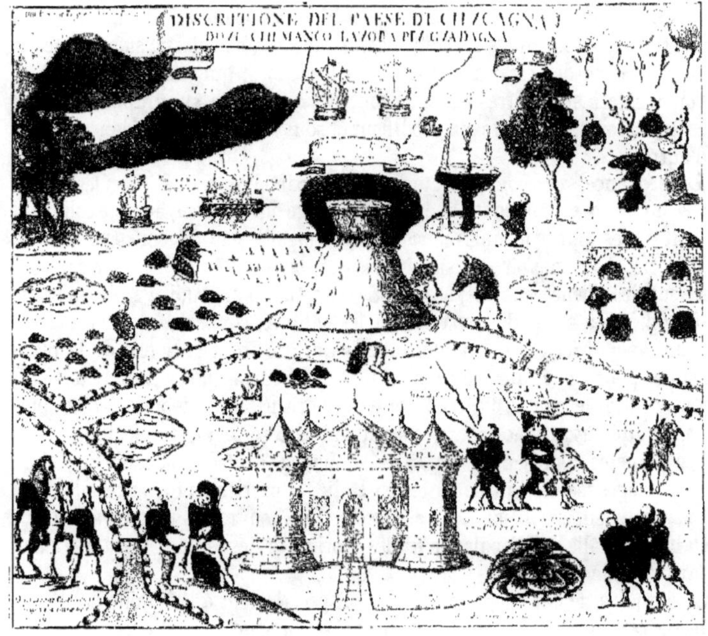

« Description du Pays de Cocagne. » Taille-douce coloriée au pinceau, de Remondini à Bassano, XVIIIe siècle.

Au sanctuaire de Lorette, on distribuait une image à laquelle on joignait un morceau de voile noir « qui a touché la sainte image ». A Milan, on mettait dans une enveloppe avec l'effigie du sépulcre des trois saints rois mages un peu de poussière du sépulcre lui-même. Au sanctuaire de sainte Rose de Viterbe, on vendait les empreintes du pied et de la main de la sainte ; on les vendait même sur soie et brodées d'or, et la liste serait facile à allonger. Ces brèves indications suffisent à montrer comment la noblesse du sentiment religieux dégénère en pratiques superstitieuses quand la sensiblerie populaire se donne libre cours et comment l'étude de l'image nous entraîne dans le domaine du folklore.

II/ LE MONDE ET LES CRÉATURES

I/ Les planètes. — II/ Les quatre éléments. — III/ Les quatre parties du monde. — IV/ Les saisons et les mois. — V/ Les almanachs. — VI/ L'imagerie au XIXe siècle.

I/ L'art a puisé dans le monde cosmique l'inspiration de ses motifs les plus anciens, dont certains ont passé, par la suite, dans l'iconographie populaire en conservant presque intacts leurs traits originaux, comme par exemple dans les figures qui représentent les quatre éléments et les planètes. Il faut chercher l'explication de ce fait dans les influences exercées par le classicisme et dans la nature elle-même des estampes populaires italiennes, qui, contrairement à ce que l'on constate en d'autres pays, ne sont pas œuvres de xylographes, mais de modestes graveurs sur cuivre qui modifient et souvent copient les originaux faits par d'autres.

Les croyances astrologiques qui se sont en partie répandues dans les classes les plus humbles et ont contribué à leur bagage intellectuel, nous expliquent comment des estampes incompréhensibles au vulgaire sont devenues populaires. Peu importe si le pouvoir des signes célestes, la conjonction et les influx des astres sont des phénomènes dépassant sa compréhension primitive : le vulgaire, peut-être même à cause du mystère qui les entoure, conserve ces images avec une peur superstitieuse, comme des oracles qui prédiront la bonne ou la mauvaise année pour les récoltes, le beau temps ou la bourrasque en mer. Leur signification occulte, le peuple l'a traduite en aphorismes qui, depuis la plus lointaine antiquité jusqu'à nos jours, constituent encore sa météorologie.

Les planètes représentées dans les almanachs sont d'école italienne, alors que leurs images isolées, si fréquentes en Italie, appartiennent à l'art allemand ou flamand. La superposition des deux écoles fut l'œuvre des marchands étrangers établis en Italie, qui divulguèrent nos motifs par des estampes gravées dans leur pays d'origine.

La diffusion de ces images est due tout spécialement à la famille des Sadeler : Jean, Raphaël, Égide, Marc et Juste, qui se sont succédé à Venise au milieu du XVIe siècle jusque vers la fin du XVIIe siècle. Leurs cuivres furent acquis par la suite par les Remondini, qui continuèrent à les rééditer pendant tout le siècle suivant.

L'iconographie planétaire a survécu dans les cartes à jouer et, devenue, par l'effet de l'astrologie, presque synonyme d'horoscope, elle s'est réfugiée aussi dans les calendriers et les almanachs.

II/ Les quatre éléments ont souvent inspiré les peintres et les sculpteurs ; toutefois, ce n'est que vers le milieu du XVIIe siècle qu'ils commencent à apparaître sous la forme de dessins populaires. Parmi les plus anciennes images d'élé-

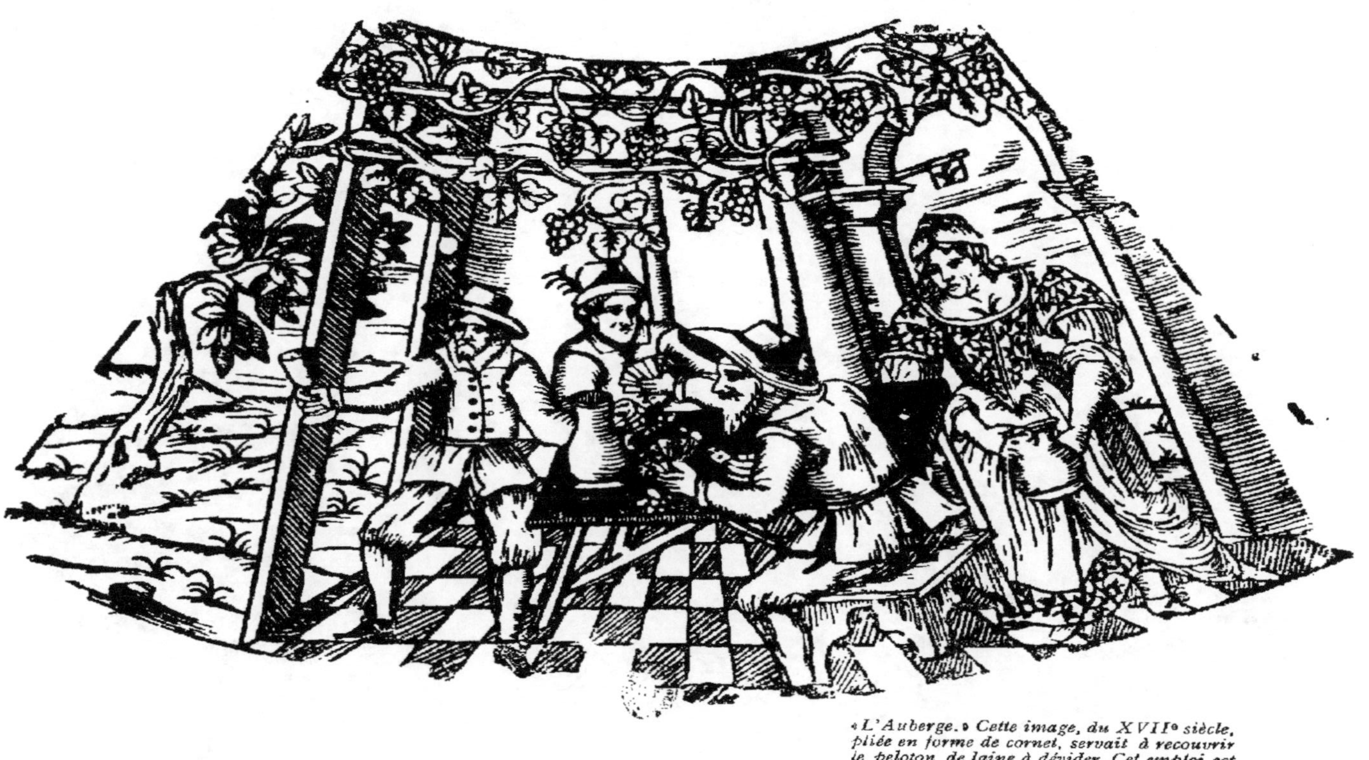

« L'Auberge. » Cette image, du XVIIe siècle, pliée en forme de cornet, servait à recouvrir le peloton de laine à dévider. Cet emploi est confirmé par mainte gravure du XVIe siècle, et aussi par l'image « Miracle de saint Antoine » que nous reproduisons. Fonds Soliani. (Dim. à grandeur de l'original.)

ment que je possède figure *la Terre* (Octavius Cavazzi, excudit, Rome (?), 1590). La conception générale en est encore classique. La Terre, sous les traits d'une déesse, accompagnée d'un petit Amour, symbole de la fécondité, reçoit de trois jeunes filles l'hommage des prémices champêtres. Les souvenirs mythologiques

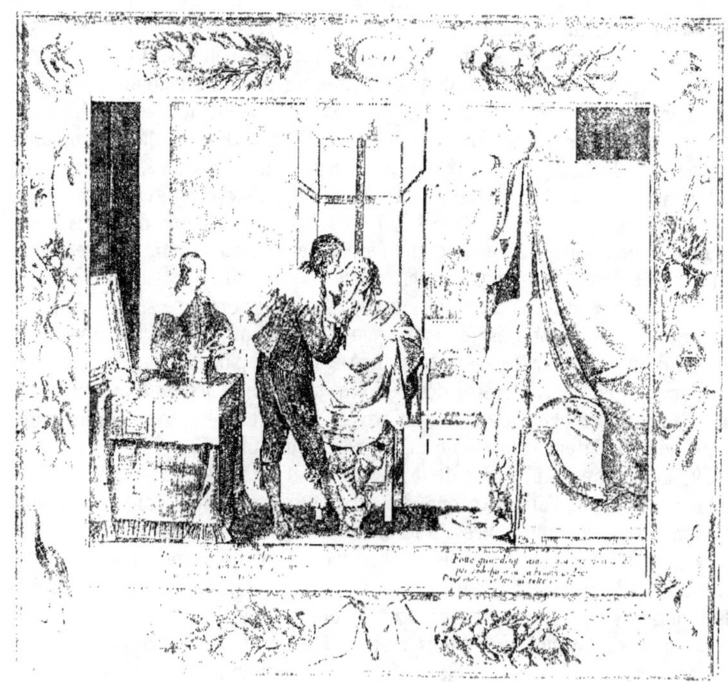

« *Les Sens : le Toucher.* » *École Vénitienne. Taille-douce du XVII*e *siècle, peut-être inspirée d'Abraham Bosse.* (*Dim. 400 × 312 mm.*)

s'atténuent dans la série publiée à Venise par Étienne Solari vers 1630, et disparaissent définitivement dans la série éditée en 1650 par Livius Modiana, où les éléments sont représentés seulement par des scènes de la vie quotidienne.

Pendant tout le XVIIIe siècle, ces images se succèdent en grand nombre ; elles cesseront presque complètement de paraître dès l'arrivée de Bonaparte, en 1796 (1).

III/ Il existe beaucoup plus de figures représentant les *Quatre parties du Monde*, dont sont dérivées celles qui expriment le caractère des différentes na-

(1) Ceci peut se dire de presque toute l'imagerie italienne (voir p. 63 et 64 le texte en VI).

tions. Le peuple entendait le ménestrel chanter la mort de Roland à Roncevaux, les prouesses du sultan d'Alger, les histoires des corsaires de Syrie ou la prise de Vienne, et ce monde inconnu, il se l'imaginait concrétisé dans les quatre figures allégoriques qui, pendant des siècles, ont représenté son seul atlas. Un très bel exemplaire du début du XVIe siècle, nous l'avons dans les figures. Les bois originaux appartiennent au fonds Soliani (voir p. 63); ils furent gravés vers 1536, en même temps que d'autres qui rappellent la prise de Tunis par Charles-Quint.

Une belle série a été mise dans le commerce par les Remondini au commencement du XVIIIe siècle, avec les cuivres qui avaient déjà servi à Tomini, éditeur vénitien, vers 1650. Une autre était publiée à Rome, chez Dominique de Rossi, à la Paix, et dans la même ville on vendait « *l'Afrique,* à Paris, chez H. Bonnart, au Coq, et, à Rome, chez N. Billy, à l'Horloge, avec licence des Supérieurs » (c. 1730, 287 × 189 mm.). Il existe aussi beaucoup d'images vénitiennes, et, entre autres, une série gravée par Jean Renard, nom que se donne Jean Volpato dans ses premiers travaux (*volpe* = renard).

Volpato gravait aussi, et cette fois sous son vrai nom, une série des caractères des peuples européens (c. 1750, 320 × 370 mm.), mais c'est une copie modifiée d'une série éditée, vers 1745, à Augsbourg, par M. Engelbrecht. En même temps que les caractères des peuples, on publiait les *Sept merveilles du monde,* au premier plan desquelles on voyait souvent une grande figure représentant leur fondateur supposé ou un sage de l'antiquité.

IV/ Les figures qui représentent les saisons et les mois remontent à l'antiquité la plus reculée. Paul d'Ancona, dans son ouvrage précité, montre comment le Moyen Age les a transformées en les adaptant aux temps nouveaux.

Leur mythe spirituel symbolise le travail continu et la peine qui sont comme le châtiment du péché et pèsent sur la vie humaine, et, en leur sens matériel, elles représentent, sur un petit espace, le cours de l'année.

Les figures mythologiques des mois ont été remplacées rapidement par celles des travaux champêtres, flanquées presque toujours du symbole des planètes, alors que les saisons ont conservé plus longtemps leur forme primitive.

Les mois et les saisons sont reproduits en dessins et en formats divers aussi bien dans les estampes séparées que dans les almanachs, et de ceux-ci ils passent dans les livres. Un très curieux exemple de leur popularité nous est offert par le *Missale Romanum novissime impressum* (Venise, Gerolamo Scoto, 1551). Sur le calendrier qui précède le missel sont reproduites les douze xylographies qui représentent les travaux des champs, évidemment tirées de quelque almanach parce qu'elles conservent encore leur titre en dialecte vénitien. Comme si cela ne suffisait pas, le typographe a voulu imprimer aussi les sentences et les conseils qui accompagnent les figures de l'almanach et qui n'ont aucun rapport

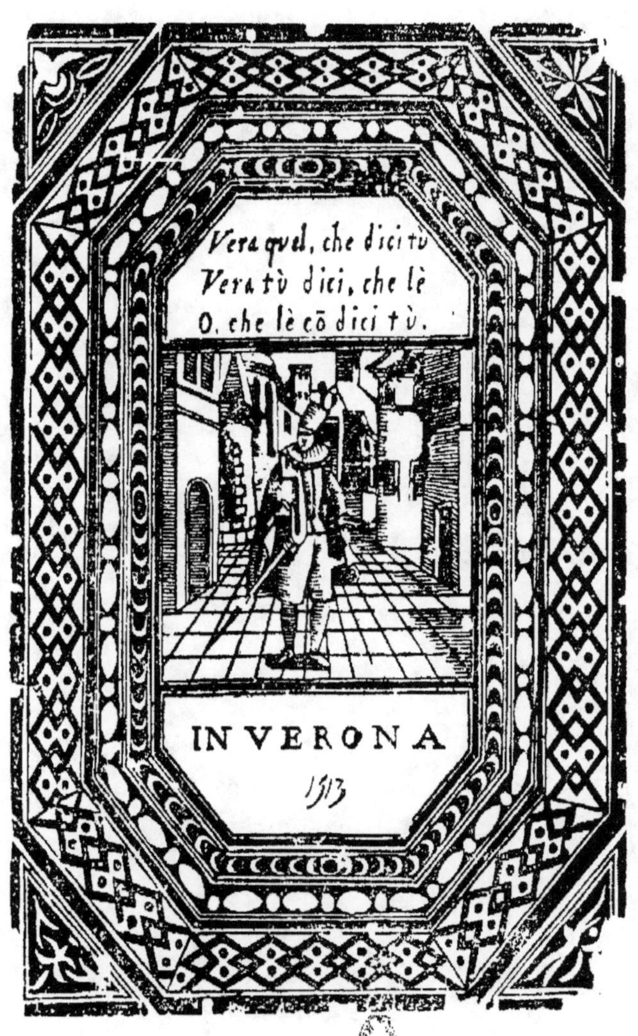

« Acteur en scène. » Éventail (Ventolo) du début du XVIIe siècle. Vérone. Fonds Soliani. Le n° 1513 est celui attribué au bois et ne doit pas être pris pour une date. (Dim. à grandeur de l'Original.)

avec le nouveau rôle qu'elles avaient à remplir dans le missel. Il y est question, par exemple, du plaisir que procurent les liqueurs en janvier, de l'opportunité des purges en avril et des saignées qu'il est préférable d'opérer en septembre.

Le classicisme, ai-je dit, persiste dans les saisons, et François Fiore, vers 1560, nous offre un *Autumnus tempus fructum* qui a encore quelque ressemblance avec l'*Automne* de Mantegna. Plus tard encore (vers 1592), Tempesta grave des saisons et des mois classiques par la forme, mais qui pouvaient être goûtés même du peuple, parce qu'ils étaient accompagnés de leurs attributs. Tous les graveurs populaires s'en sont vite emparés, et nous les voyons reproduits à Rome par Orlandi et par Stazio, et en d'autres lieux sans indication et en contre-partie.

Ces contacts entre les deux arts sont fréquents : ainsi les saisons peintes par Jacques da Ponte (dit Bassano) et plus tard les mois, dessinés par Cosme Zocchi et gravés par Bartolozzi, ont été popularisés par des estampes qui ne gardent de l'original que le nombre de personnages.

Peu à peu les souvenirs mythologiques disparaissent pour céder la place à des dessins plus gais et plus en harmonie avec la vie nouvelle. Tornini, à Venise, réédite les saisons, déjà publiées par Gaspard Crispolti vers 1570 (149 × 215 mm.) ; les mêmes sont publiées à Rome, vers 1630, par Donato Supriano, selon le dessin de P. de Loisy. L'artiste les a représentées sous l'aspect de belles femmes habillées à la mode du temps. Il faut croire que le nouveau type a eu la faveur du public, puisque aussitôt d'autres séries semblables à celle-là ont paru. J'en citerai une publiée à Venise en 1659 où les scènes de la vie populaire se mêlent à celles de la vie aristocratique.

V/ Les figures des mois et des saisons se sont largement répandues par le moyen des almanachs. Malheureusement, ils étaient détruits chaque année pour faire place à de nouveaux, alors que le calendrier qui avait le format d'un livre nous est parvenu plus facilement.

L'almanach xylographique (200 × 310 mm.), publié par la typographie de Laurent de Rossi de Ferrare en 1493, constitue un exemplaire d'almanach qui, par sa beauté, fait regretter la perte de ces feuilles volantes. Les douze signes du Zodiaque en forment le cadre très élégant, et au bas est représenté Saturne, la planète qui a sous ses influx l'an 1493. Dans le texte, on a indiqué les fêtes religieuses, les renseignements astronomiques et les jours favorables aux affaires.

L'*Almanach astrologique* a joui d'une grande faveur jusque vers la fin du XVIIe siècle, parce que les notices qu'il contenait représentaient pour les classes les plus humbles une petite encyclopédie de la vie. C'est par lui que le peuple recevait les notions élémentaires des phénomènes célestes et des travaux de la campagne, et que, d'autre part, il était naïvement entretenu dans la croyance en l'astrologie divinatoire des événements humains. On prophétisait dans l'almanach la paix et la guerre, la naissance et la mort des hommes illustres, les jours favorables à la traite des affaires, la bonne et la mauvaise fortune d'un nouveau-né, et d'autres nouvelles dont le vague et l'incertain formaient l'attrait.

Les almanachs les plus riches en illustrations sont ceux qui représentent

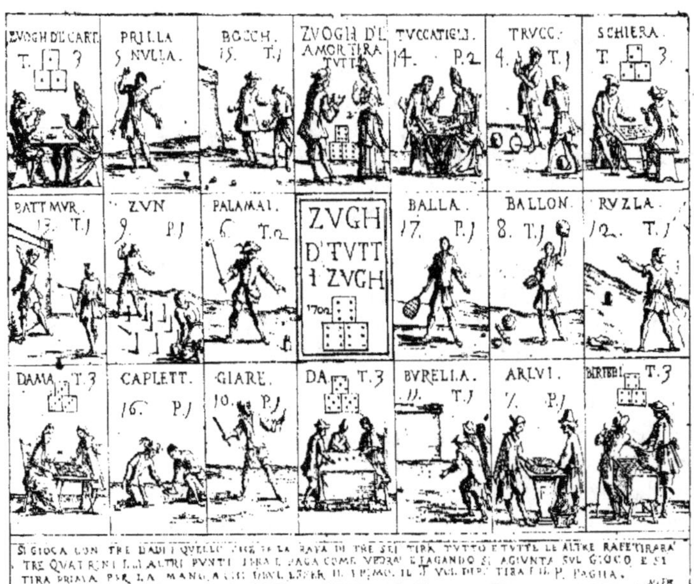

« Le Jeu de tous les jeux. » Taille-douce de Mitelli, 1702. (Dim. 393 × 270 mm.)

les mois, accompagnés presque toujours des saisons et des signes du Zodiaque. Ils étaient toujours gravés sur bois et rarement ils changeaient de sujet ; ce n'est qu'au XIXe siècle que paraît l'almanach politique, satirique, historique.

Les mois représentés séparément sont moins communs ; il sera opportun de se rappeler à leur égard ce que j'ai dit, page 52 du présent ouvrage, sur la diffusion des estampes étrangères en Italie. Une série de facture locale a été gravée par Mitelli, à Bologne, en 1693, et d'autres ont paru au XVIIIe siècle et figuré même sur les éventails à manche.

Les éventails à manche ou éventails populaires avaient la forme d'un grand P majuscule. Ils consistaient en une petite hampe de bois qui s'agitait d'un côté avec la main ; à l'autre côté était fixé perpendiculairement un carton sur

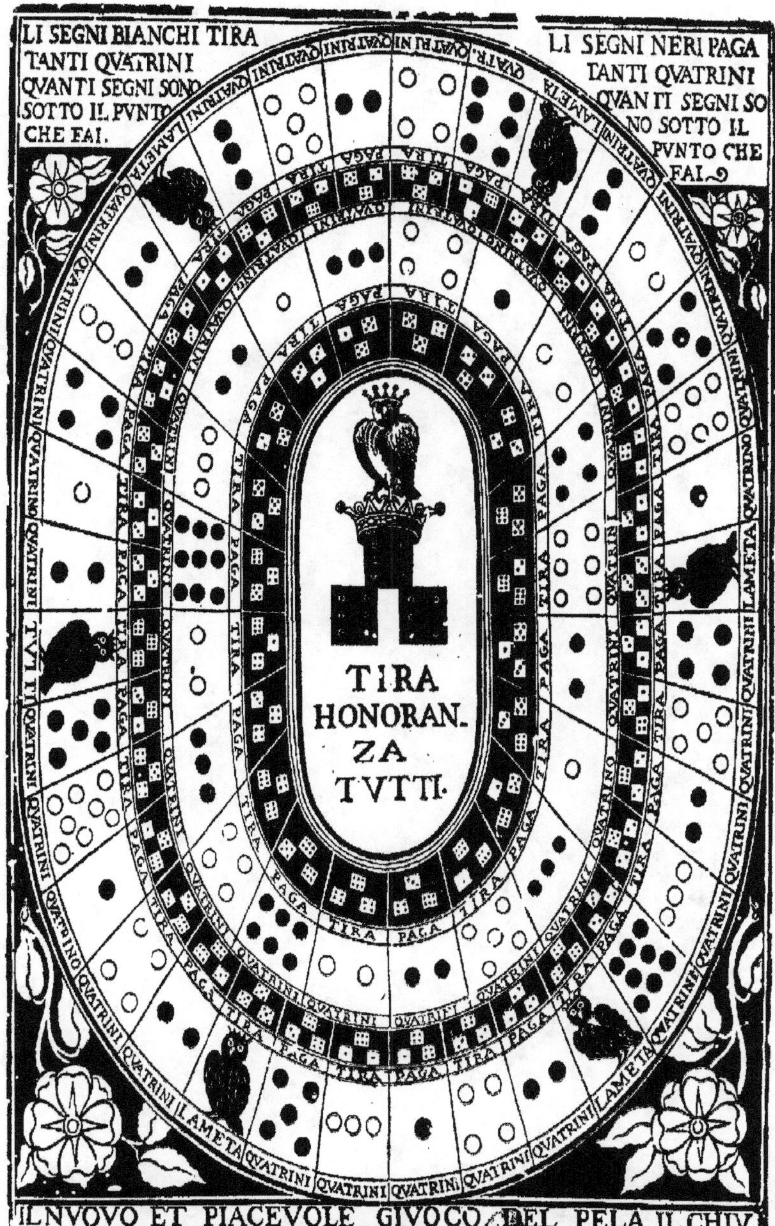

« Jeu de la Chouette. » Bois du fonds Soliani, de Modène. Circa 1750. (Dim. 345 × 465 mm.)

lequel on collait des estampes populaires, des caricatures, des portraits, des alphabets pour enfants, des sentences morales et de petites poésies de ménestrels. Barthélemy Cocchi, typographe bolonais (1597-1620), qui a publié un grand nombre de ces chansonnettes, était appelé « Barthélemy aux éventails ».

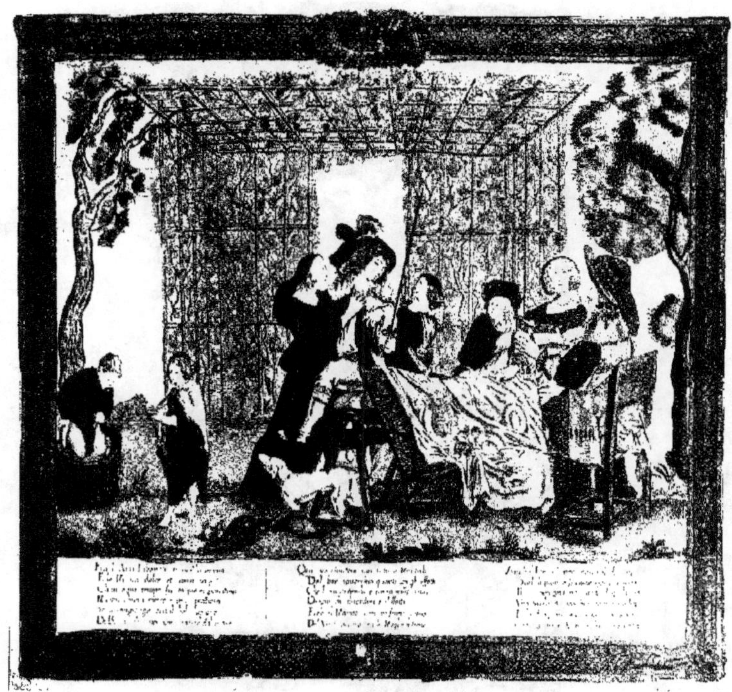

« L'Automne. » Taille-douce coloriée au pinceau, de l'École de Venise, XVIIe siècle.

En Italie, l'éventail à manche se prêta à la représentation de tous les motifs, si bien qu'aujourd'hui on pourrait écrire l'histoire de l'estampe populaire rien qu'en se servant de ses images (voir figures, pages 23, 57, 68).

VI/ Le lecteur s'est demandé sans doute pourquoi jusqu'à présent je n'ai pas parlé des estampes modernes, qui, au XIXe siècle, foisonnent dans les autres pays. La réponse est très simple : les motifs qui ont formé la plupart des estampes populaires italiennes n'ont plus été publiés depuis le commencement du XIXe siècle. Il ne faut pas chercher les causes de cette disparition dans un changement de pensée de notre peuple, mais dans le fait que la calcographie italienne a été tuée par les maux dus aux guerres napoléoniennes et par les modifications territoriales qui lésaient le commerce, accoutumé depuis des siècles à s'exercer dans le cercle étroit d'une province bien délimitée. La chute des barrières séparant les

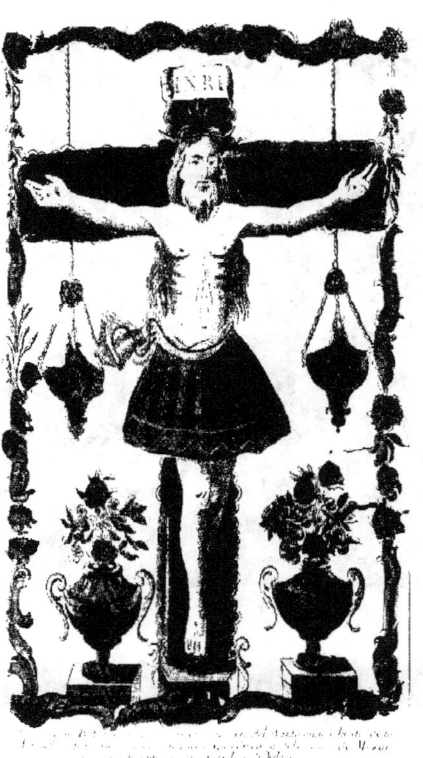

Taille - douce pour l'exportation en Amérique (Mexique). XVIIIe siècle. Édition de Remondini de Bassano. (Dim. 285 × 195 mm).

différents États engendrait l'unification du goût artistique et rendait inutile le matériel qui répondait seulement aux besoins et aux coutumes d'une région isolée. La ville de Milan elle-même, devenue capitale du nouveau royaume, résidence de nombreux graveurs, ne sut pas illustrer les événements qui se sont déroulés dans ses murs et l'on chercherait en vain une seule estampe milanaise, artistique ou populaire, rappelant le couronnement de Napoléon en notre Dôme.

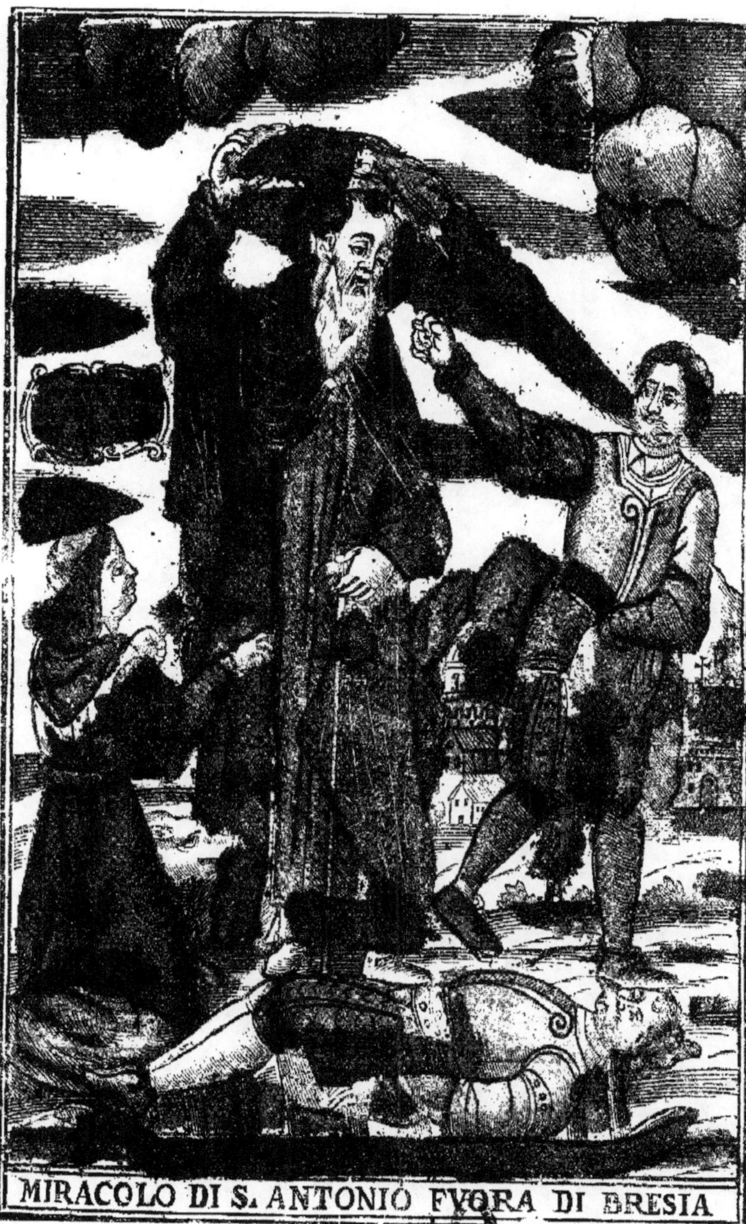

« Miracle de saint Antoine, en dehors de Brescia. » Image vénitienne, vers 1780, Une femme portait deux poulets à l'ermite. Deux lansquenets les lui volent. Saint Antoine les punit d'un jet de flammes.

Entre 1800 et 1820, on ne publie que l'estampe d'art et on ne réédite plus pour le peuple que les images de piété. Entre 1820 et 1840, la France envahit nos marchés non seulement de ses modes, mais encore de ses produits industriels ; par suite d'une insuffisante préparation technique, nos ateliers ne pouvaient

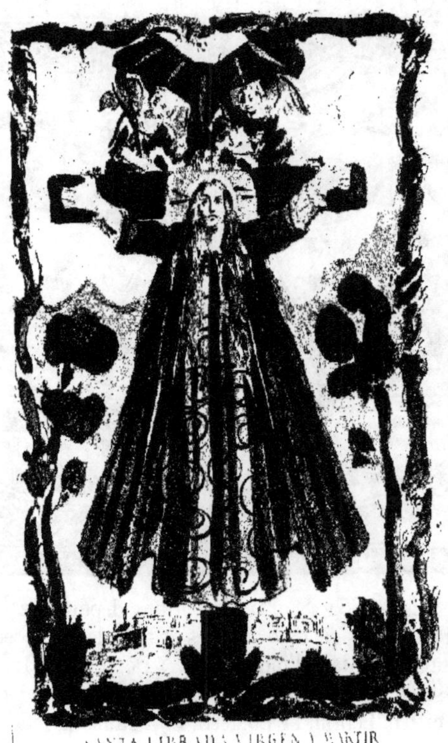

Taille - douce pour l'exportation en Espagne et Amérique espagnole, coloriée au pinceau avec rehauts d'or. Éditée par Remondini de Bassano. XVIIIe siècle. (Dim. 205 × 195 mm.)

fabriquer les objets utilisant l'art du dessin. Ainsi nous voyons arriver d'outremonts le papier à lettres décoré de menus ornements d'or, de figures et de guirlandes de fleurs, les vignettes pour tabatières, les papillotes coloriées à envelopper les bonbons, les éventails, les pare-étincelles et les papiers peints pour tapisser les appartements (dits tapisserie de France). C'étaient encore les fabriques françaises qui nous envoyaient les variétés infinies de papiers gaufrés pour les livres d'étrennes et les estampes éditées par la veuve Turgis, Maesani, Agustoni, Cereghetti ou par les autres ateliers de la rue Saint-Jacques. C'est alors que pour la première fois parurent les xylographies coloriées des fabriques alsaciennes, qui ouvrirent la voie à la production d'Épinal. Pélerin et ses succes-

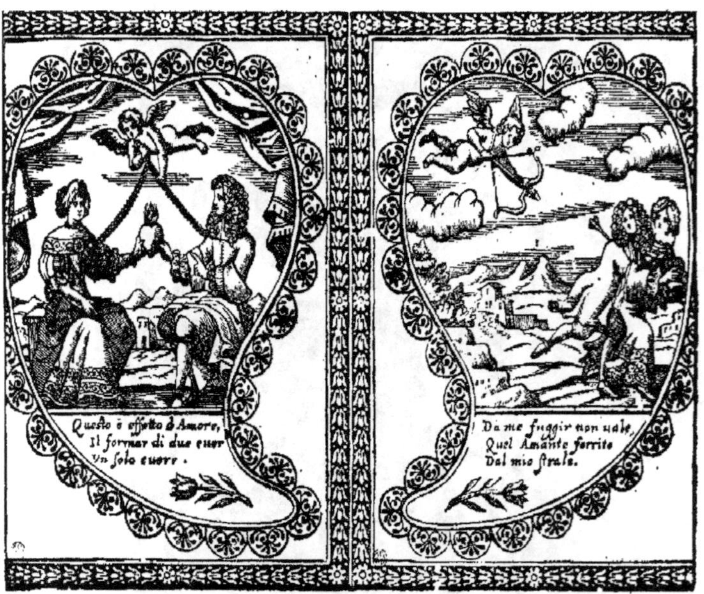

« Déclarations d'amour. » Éventail du début du XVIIIe siècle. École Vénitienne. (Dim. 265 × 185 mm.)

seurs eurent à Milan (1860-1880) un important dépôt chez P. Clerc, d'origine française, venu chez nous en 1859 avec les armées de Napoléon III (les éditions destinées à l'Italie portaient l'indication : « Dépôt à Milan, chez P. Clerc »). L'industrie des soldats, genre Épinal, fut introduite plus tard à Milan (vers 1880) par Mercenaro et par Lebrun et Boldetti, et à Rome par E. Grixoni ; mais la tentative n'eut pas de succès.

Les dernières manifestations de notre imagerie, ce furent les images de piété et les jeux pour les enfants. Les paquets de cartes gravées, qu'on publiait à Milan, à Venise et à Rome au XVIIIe siècle, pour apprendre aux enfants le savoir-vivre, la géographie, les capitales d'Europe, l'histoire universelle, sont remplacées par d'autres avec texte typographié et vignettes stéréotypes, et souvent dans le titre on ajoute que le jeu est « traduit du français ». Les vieilles gravures, définitivement disparues, sont remplacées par des feuilles volantes sur lesquelles est

VERO RITRATTO DEL HUOMO CHE HA MOGLIE

Con le particolarità appartenenti al suo stato.

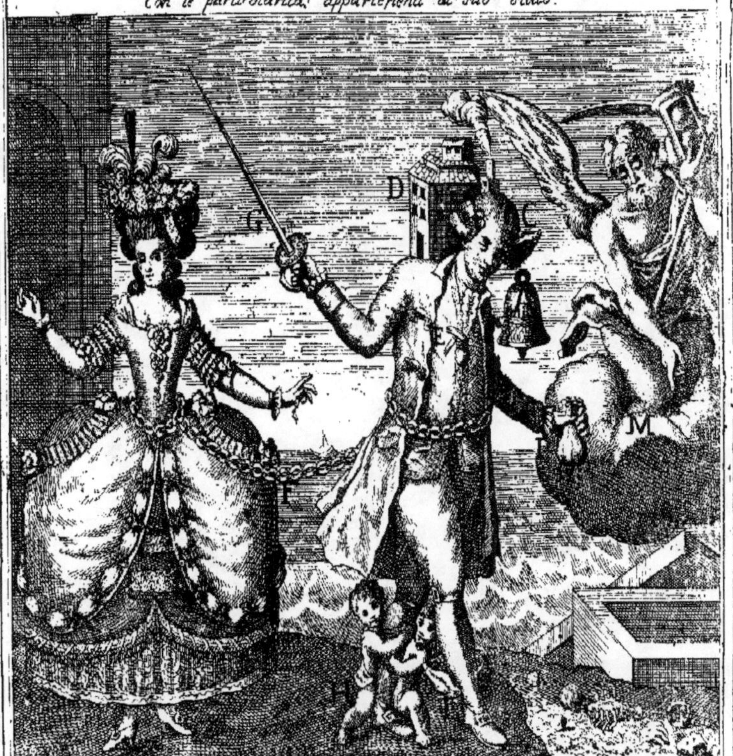

A. Tal campana per lui mai ſuona a feſta,
ma con ſuono importun ſempre il moleſta.
B. Vn occhio aperto, e l'altro chiuſo ei tiene
perchè il tutto mirar non gli conuiene.
C. Quell orecchia aſinina è ben inteſa,
che in ſopportar un aſin lo paleſa.
D. La caſa, dove altrui quieto riposa,
ſopra le ſpalle ſue tutta ſi poſa.
E. Picciol ſoglievo mai non gli è permeſſo
lanquendo il cor da mille cure opreſſo.
F. La catena ch'il ſtringe è coſi forte,
che ſol ſciogliere la può falce di morte.

G. Tien la deſtra dal zelo avvalorata,
del proprio onor alla difeſa armata.
H. Sequir non può del mondo i rei conſigli,
che gl'inceppan le piante i proprij figli.
I. Del giorno un ſol momento egli non conta
che non ſij uopo, d'aver la borſa pronta.
L. Ecco che il pipiſtrel l'ali gli appreſta,
e li ſembra la notte ancor moleſta.
M. Per compimento d'ogni ſuo cordoglio
nel ſepolcro gli addita il tempo edace
d'un affanoſo mar l'ultimo ſcoglio.

Portrait véridique de l'homme marié. » Taille-douce du XVIIIe siècle. Très probablement de l'École bolonaise. (Dim. 22 × 300 mm.)

imprimée la chansonnette ornée d'une xylographie. Bientôt ce dernier vestige disparaît lui aussi, car vers 1840 le grand in-folio cède le pas au livret in-16.

L'estampe populaire italienne, après des siècles de vie glorieuse, s'éteint presque tout d'un coup dans les convulsions des guerres napoléoniennes ; aucun indice de son retour à la vie ne se manifeste dans la période tourmentée que tra-

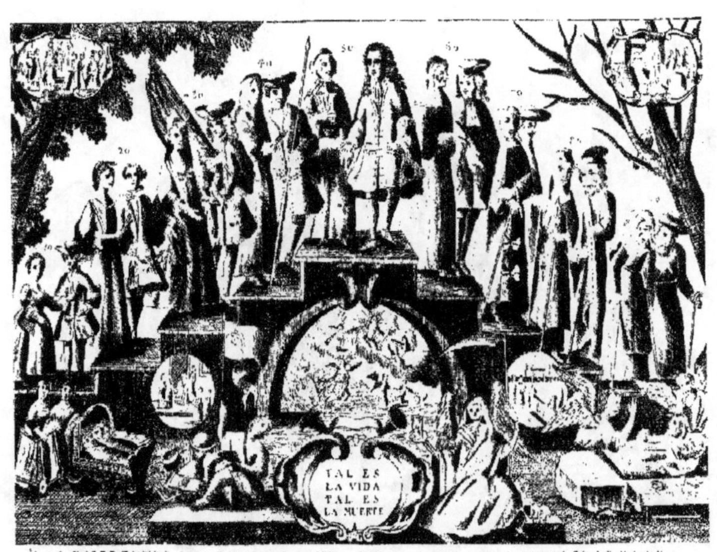

« Le Degré des âges. » Comparer avec fig. p. 33 et 35. Taille-douce éditée par Remondini de Bassano avec texte en espagnol pour l'exportation.

verse l'Italie pour acquérir son unité. La caricature politique elle-même, créée par le peuple contre les Encyclopédistes et pour la défense des souvenirs qui le rattachaient au passé, contre le Vaincu de Sainte-Hélène, ou née dans le tumulte des barricades, ne sait pas trouver l'étincelle animatrice, car les longues dominations étrangères avaient assoupi en lui tout sens de la critique.

III/ L'HOMME

I/ La tradition dans les estampes qui représentent la vie humaine. — II/ *Le Monde, cage de fous.* — III/ *Le Monde à l'envers.* — IV/ *Le Pays de Cocagne.* — V/ Deux nouveaux motifs introduits par les estampes populaires.

I/ La pensée du peuple, affranchie des liens scolastiques, se révèle avec ampleur et assurance dans les estampes qui représentent sa vie, ses goûts, ses aspirations. Le peuple n'aime pas les formes abstraites, et de même qu'il a su condenser l'expérience de la vie dans le style bref et frappant des proverbes, de même il veut que la représentation des phénomènes généreux de la vie humaine ainsi que les différentes attitudes de l'individu soient présentées à ses yeux de

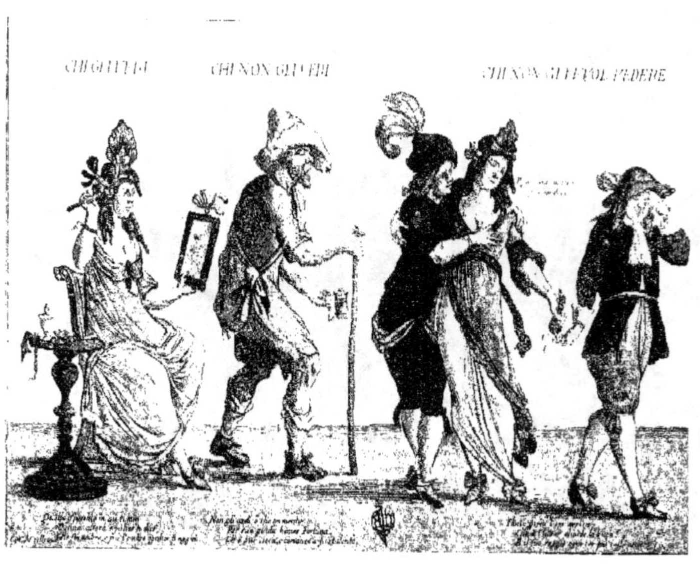

« Qui voit. Qui ne voit pas. Qui ne crut pas voir. » Taille-douce coloriée au pinceau. Gravure de Mitelli, vers 1690.

façon à être facilement comprises. Par le seul moyen de l'estampe, il affronte et résout à sa manière les problèmes les plus complexes de la vie, qui arrêtent le philosophe ; il créé les mondes imaginaires où il aimerait vivre ; il stigmatise de son féroce sarcasme le « vilain rempli de malice » ; il exalte l'amour et maudit la femme « miroir du diable » ; il ne recule même pas devant les plus hardies représentations de l'outre-tombe.

Ces motifs, et bien d'autres encore, qui reflètent la vie du peuple, ne sont pas le produit de faits occasionnels, mais, à l'instar de ceux que nous avons déjà étudiés, se répètent toujours semblables et par la pensée et par le dessin. Il serait impossible de faire l'inventaire, même sommaire, d'une catégorie aussi nombreuse de sujets ; je me bornerai donc à citer celles de ces estampes par lesquelles le peuple exprime son jugement sur le monde et le cours de la vie humaine, prise dans son

Bois pour papier de tenture. XVIIIe siècle. Fonds Soliani, de Modène. (Dim. 145 × 235 mm.)

ensemble. Ceci servira à mettre toujours mieux en évidence non seulement la constante tradition de nombreux thèmes, mais même les rapports qui unissent les différents sujets de l'iconographie italienne, comme par des liens de parenté.

La tâche est rendue facile par le fait que l'œuvre de Jules-César Croce (1550-1609) et de Joseph-Marie Mitelli (1634-1718), les deux plus grands repré-

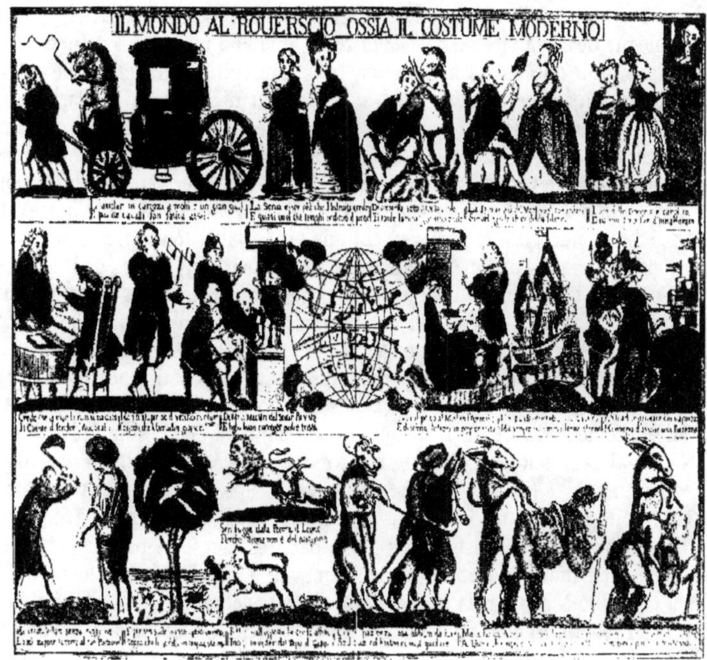

« Le Monde à l'envers. » Taille-douce, coloris vénitien. XVIIIe siècle.

sentants de la littérature et de la gravure populaires italiennes, nous est parvenue en entier. L'un et l'autre ont été les plus fidèles interprètes des conditions et de la vie du peuple dans la période qui est le trait d'union entre la vieille civilisation et la moderne, c'est-à-dire qui va de la moitié du XVIe siècle au commencement du XVIIIe. A la mort de Croce (1609), la tradition passe à Mitelli, qui, entre 1650 et 1718, grave plus de six cents estampes presque toutes de sujet populaire. Tous les vieux motifs, à l'exception des Paladins, qui depuis longtemps n'appartiennent plus qu'au domaine littéraire, ont été gravés par lui à plusieurs reprises, sans qu'il ait altéré leur caractère, mais en leur infusant toutefois une nouvelle vie et en les corsant de cet humour subtil qui manque souvent dans les exemplaires les plus anciens et qui est la caractéristique de son temps (1).

II/ Que le monde doive être considéré comme une cage de fous, c'est là une idée très ancienne qui s'est exprimée nettement aussi dans la littérature de tous les pays : il suffirait de citer la *Stultifera navis* de Sébastien Brandt (Bâle, 1497) et les œuvres d'Erasme de Rotterdam (Strasbourg, 1511), de Thomas Garzoni (Venise, 1586) et de Barthélemy Bocchini (Bologne, 1669). Déjà, Lafréry, dans son catalogue de 1572, cite *l'Arbre de la Folie*, que l'on retrouve sous une autre forme dans celui que publie à Rome en 1614 Laurent Vaccari (2). Une autre reproduction du même sujet se trouve au Cabinet d'Estampes de Paris, sous le titre *Ce monde est comme une cage de fous*. L'exemplaire de Paris est du commencement du XVIIe siècle; il a été recopié à Rome à la fin de ce même siècle, et on a continué à le vendre pendant tout le XVIIIe ; les dernières épreuves portent l'indication « à Rome, chez Charles Losi, l'an 1774 ». G.-M. Mitelli gravait en 1684 « Le Monde » est le plus souvent une « cage » de « fous » (les mots entre guillemets sont représentés par des figures). Deux quatrains au bas de l'estampe avertissent que tout homme tôt ou tard devra entrer dans la cage, car chacun, dans ses propos, dans ses gestes et dans ses occupations trop habituelles, a son brin de folie. Le graveur lui-même s'est représenté parmi les déments en train de battre un Turc : allusion aux nombreuses estampes satiriques qu'il avait publiées sur la guerre qui s'était terminée en 1683 par la prise de Vienne (3).

Mitelli revient encore sur le même sujet en publiant deux estampes sous des titres en dialectes bolonais. Dans l'une (*Nous ne formons tous qu'un tas*, 1690, 287 × 433 mm.), il rassemble pêle-mêle sages et fous, riches et pauvres dans l'attente de la mort ; dans l'autre (*Magasin des folies*, 1698, 215 × 320 mm.), la Folie, entourée de gentilshommes et de pauvres hères, de paysans et d'ouvriers, leur distribue des girouettes, emblèmes de l'instabilité. Le thème de la Folie a continué à inspirer la gravure : je citerai encore une estampe éditée à Milan par Frédéric Agnelli au début du XVIIIe siècle (*Chaque homme au monde a sa folie*, vers 1710, 180 × 455 mm.) et une autre mise en vente à Rome vers 1820 (*Fol est qui croit comprendre les faits et gestes de l'homme*, vers 1820, 193 × 205 mm.). Ainsi ce sujet se répète pendant quatre siècles.

Le peuple, observateur aigu des vicissitudes humaines, ne s'est pas contenté de la vision générale du monde ; il a voulu qu'il fût représenté aussi sous les influx qui le dominent. D'un motif principal en dérivent d'autres que, pour être

---

(1) Croce a fait imprimer 284 compositions de tout genre qu'il chantait sur les places. (Voir OLINDO GUERRINI, *La vie et les œuvres de G.-C. Croce*, Bologna N. Zanichelli, 1879.) — En ce qui concerne Mitelli, voir p. 98.

(2) Voir à la page 87.

(2) Voir reproduction page 31.

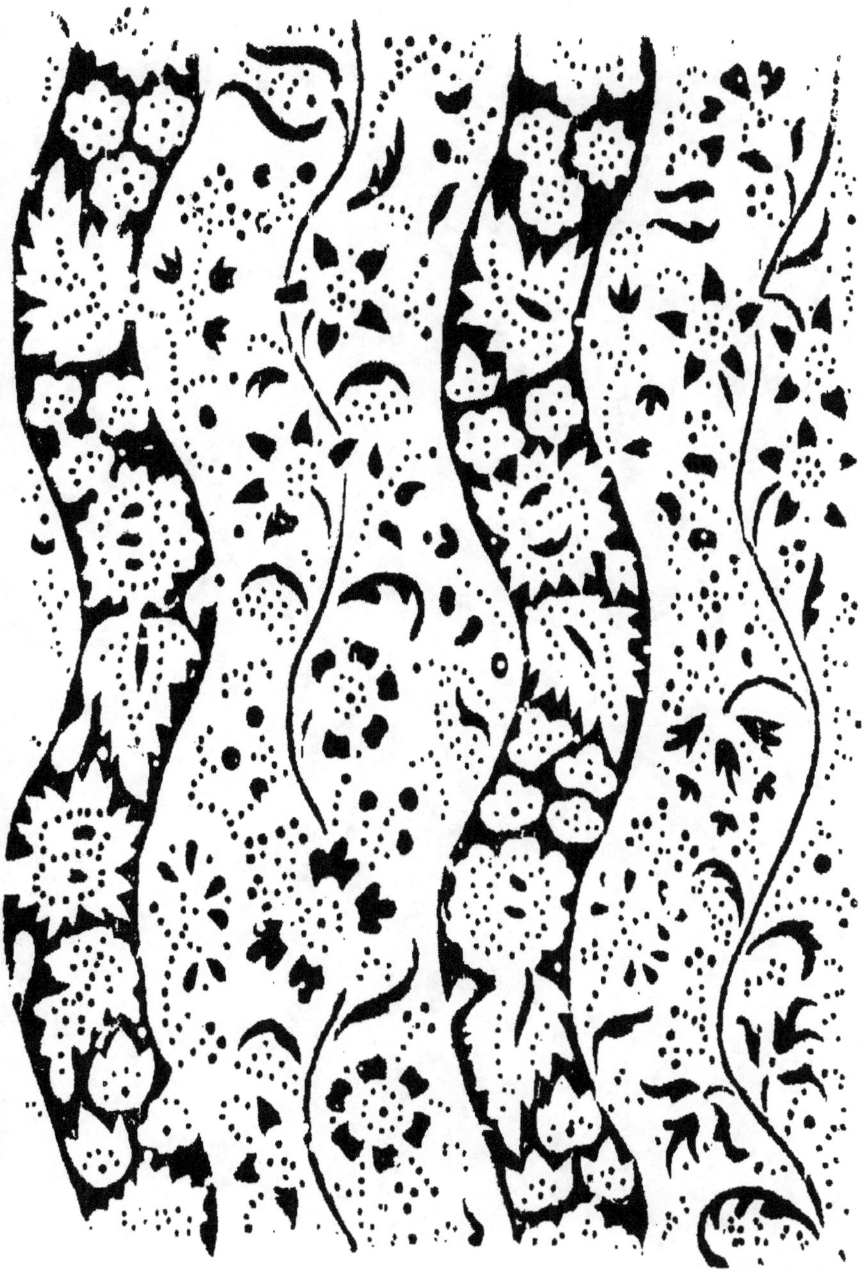

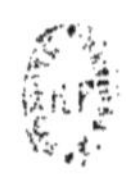

Bois destiné au tirage de papier de tenture, pour gardes de livres, fonds de boîte, etc. XVIIIe siècle. Bois du fonds Soliani, de Modène. (Dim. 180 × 215 mm.)

bref, je citerai seulement par le titre de l'estampe : *Le monde est gouverné par l'Arbre de la Fortune, Ce monde est une boutique, On me met en pièces, L'intérêt aveugle tout le monde, Chacun cherche à rouler son prochain, Le monde est cendre*

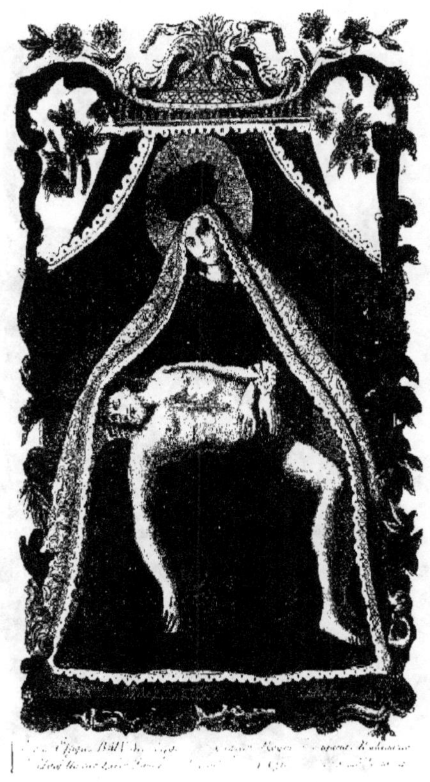

Taille - douce coloriée au pinceau, avec texte en allemand pour l'exportation. Éditée par Remondini, XVIIIe siècle, (Dim. 190 × 290 mm.)

et fumée. La liste pourrait se poursuivre. Comme échantillon de ce groupe, je reproduit l'*Arbre de la Fortune,* très belle xylographie de l'école vénitienne de la première moitié du XVIe siècle. Le bois original faisait partie de la collection Soliani, conservée de nos jours au Musée de Modène (voir p. 22).

III/ Si dans les deux groupes précédents nous suivons la pensée résignée et bonne enfant par laquelle le peuple représente le cours de la vie humaine, la note satirique et humoristique éclate, en revanche, dans *le Monde à l'envers.*

Dans ce thème, les fonctions sociales sont interverties et les curieux renversements accusent souvent la rébellion larvée des humbles contre ceux qui commandent. Le paysan attelé à la charrue et poussé par le bœuf s'exclame : « Il faut de la patience » ; métamorphosé en âne, il maudit le sort qui oblige l'homme

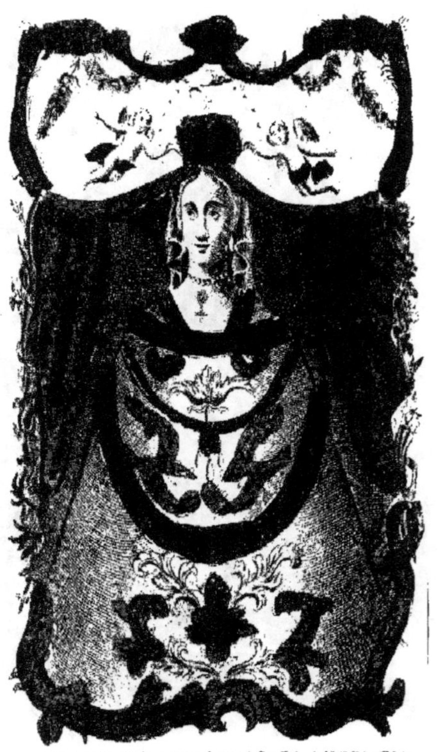

« Sainte - Marie du mont Berico près de Vicence. » Taille - douce coloriée au pinceau avec rehauts d'or dits « à la mode de Paris », éditée par Remondini de Bassano. XVIIIe siècle. (Dim. 190 × 290 mm.)

à porter le bât ; et, portant sur ses épaules son maître, il se console en pensant que lorsque ses forces seront épuisées, il le jettera par terre. Ce motif très ancien se trouve déjà dans le catalogue de Lafréry (1572) et, comme les créations burlesques, du domaine littéraire ou graphique, sont parmi les plus goûtées du peuple, il continuera à se répéter.

Mitelli rompt avec l'habitude de représenter le monde à rebours sur une

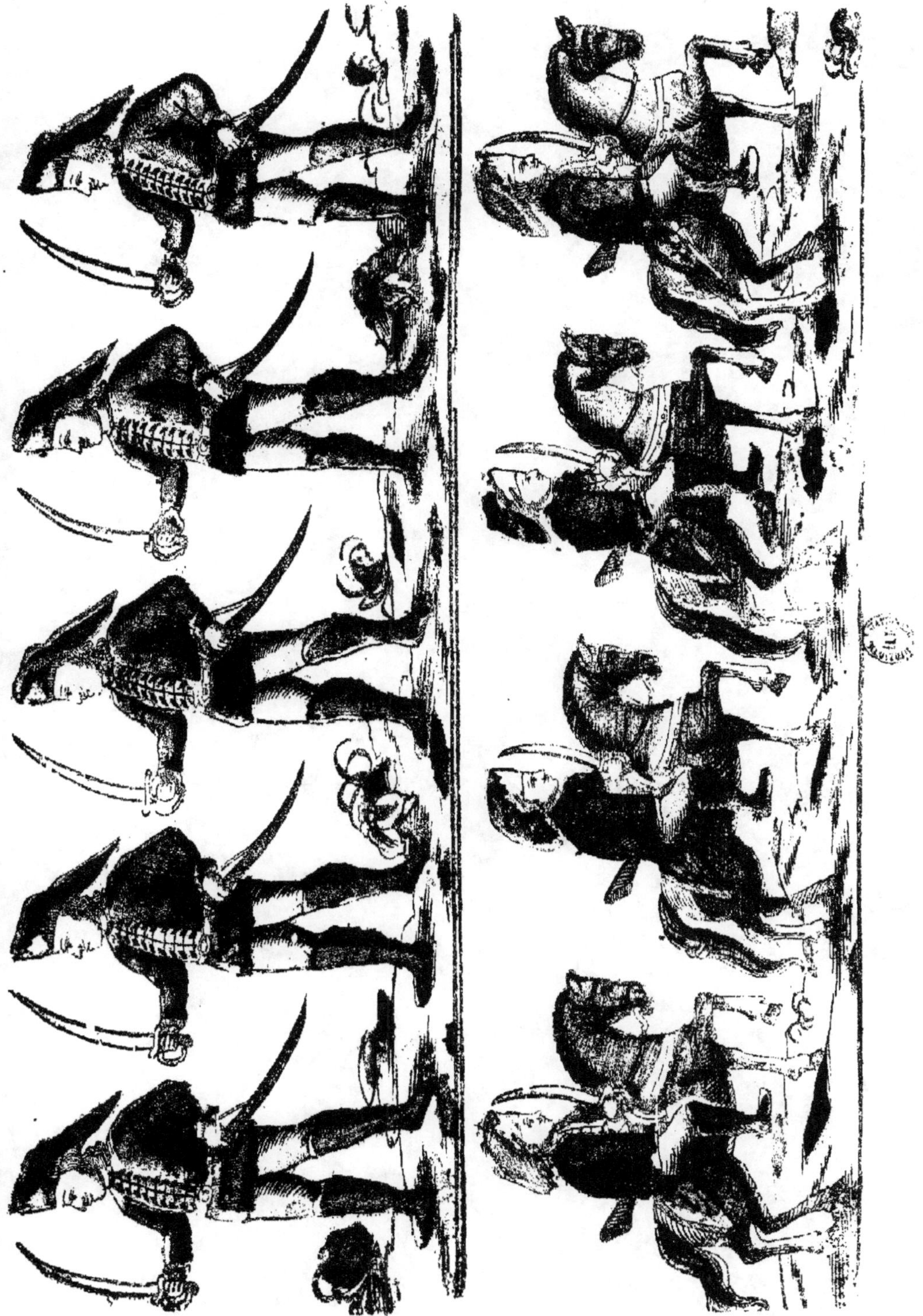

seule feuille et public une série de six gravures qu'il a intitulée *Ainsi va le monde* (Bologne, 1685) ; les six cuivres représentent la Fortune qui porte l'âne, le pied-bot qui porte le riche sur ses épaules ; le vieux qui courtise la jeune fille ; la femme portant la culotte, qui mène par le bout du nez l'homme vêtu en

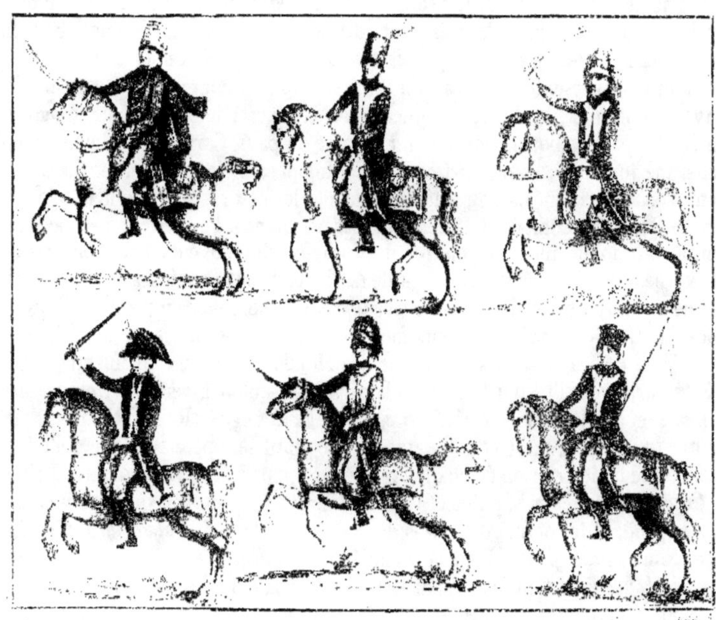

Une des premières planches de soldats de Remondini, vers 1810. (Dim. 200 × 1[illegible] mm.)

femme ; et l'enfant qui marche sur les mains, les jambes en l'air. Mitelli, en faisant concourir les divers motifs populaires à une représentation unique, leur infusait une nouvelle vie.

IV/ En antithèse avec les misères et les peines de la vie, le peuple crée le *Pays de Cocagne*, où l'existence s'écoulera heureuse parmi les fleuves de vins et les montagnes de saucisses ; il imagine le *Triomphe de Bacchus* et de la *Fainéantise*, et, pour vanter le gras *Carnaval mort*, il scie la vieille décharnée, mauvais souvenir du Carême. Le motif jouit d'une vénérable vieillesse ; en effet, la tradition littéraire du palais de rubis s'élevant dans l'île enchantée où règne un printemps éternel, où fleuves et lacs resplendissent comme flammes de feu, où l'amour conserve sa jeunesse, où toute la baronnie de France et de

Bretagne entoure le propriétaire et sa belle, remonte au haut Moyen Age (1).

L'aspiration à une vie merveilleuse, représentée aussi par Boccace dans la *Contrée du Bontemps*, passera de l'art noble à l'art vulgaire qui la représentera par le *Pays de Cocagne*.

L'image est déjà mentionnée dans le catalogue de Lafréry, mais elle doit avoir été précédée par d'autres ; car, dix ans auparavant, Fernand Bertelli avait publié à Venise le *Triomphe de Carnaval au pays de Cocagne*. Le graveur inconnu nous présente Carnaval qui arme ses troupes pour partir à l'assaut du Pays de Cocagne : les habitants, incapables d'opposer une résistance, fuient et sont pillés par des bohémiens. S'étant emparé du pays, Carnaval ordonne qu'on fasse une joute. Au cours du tournoi, Pantalon et Étiennet mettent à sac la mine d'écus; les Français mangent les poulets et les perdrix, tandis que la mare de vin de Grèce est pompée et asséchée par les Allemands. Pour célébrer sa victoire, Carnaval ordonne que Panigon, roi de Cocagne, soit noyé dans un tonneau de malvoisie. Comme on le voit, il y a là deux thèmes qui se confondent : Carnaval, qui ne se contente pas de ses fastes, veut encore triompher en plein au Pays de Cocagne. Il est certain que les deux motifs devaient être antérieurement séparés.

V/ La « Cocagne », aussi bien que le « Monde à l'envers», réjouissait de ses scènes burlesques l'imagination populaire, si bien qu'on inventa la *Cocagne des Femmes* et la *Vénérable Fainéantise, reine de Cocagne* (Rome, Nicolas Nelli sculp., 1565, Paris, Cabinet d'Estampes). Le motif se répète avec une telle fréquence que la description de chaque image est impossible. Je me bornerai à citer la *Cocagne des Femmes*, publiée à Rome vers 1650 (fig. p. 50), que l'on vendait encore pendant les dernières années du XVIIIe siècle (voir *Catalogue de Charles Losi*, Rome, 1790, p. 16). Pour la première fois, *Chicheface et Bigorne* et la *Fontaine de Jouvence* y font leur apparition ; ce sont là deux nouveaux motifs pour les estampes populaires italiennes, motifs dont on ne trouve que quelques rares traces même dans notre art noble, tant littéraire que pictural.

En bas, à gauche, est représentée la Biligorne, corruption du nom français *Bigorne*. On sait que Chicheface est un animal d'une maigreur épouvantable, car, ne se nourrissant que de femmes honnêtes, elle ne trouve jamais à se rassasier, tandis que Bigorne est de proportions énormes parce qu'elle dévore les maris cocus. Le mythe était répandu seulement dans l'ancienne iconographie française et allemande (2). En haut et à gauche, sous le petit temple, il y a une baignoire dans laquelle « la vieille qui y reste un quart d'heure redevient jeune et belle ».

Il est permis de supposer que le graveur anonyme romain a eu connais-

---

(1) FRANÇOIS NOVATI, *Fresques et miniatures du XIIIe siècle*, Milan, L.-F. Cogliati, 1925, p. 33.
(2) FR. NOVATI, dans *Mélanges offerts à M. Émile Picot*, Paris, Damascène, Morgand, 1913.

sance des deux motifs d'estampes portés à Rome par les nombreux étrangers qui s'y rendaient. Les thèmes de la misogynie (*Chicheface*) et de la lutte contre la mort (*Fontaine de Jouvence*) avaient eu une large diffusion en Italie par les estampes d'inspiration locale : mais le jour où le graveur vit les deux mythes

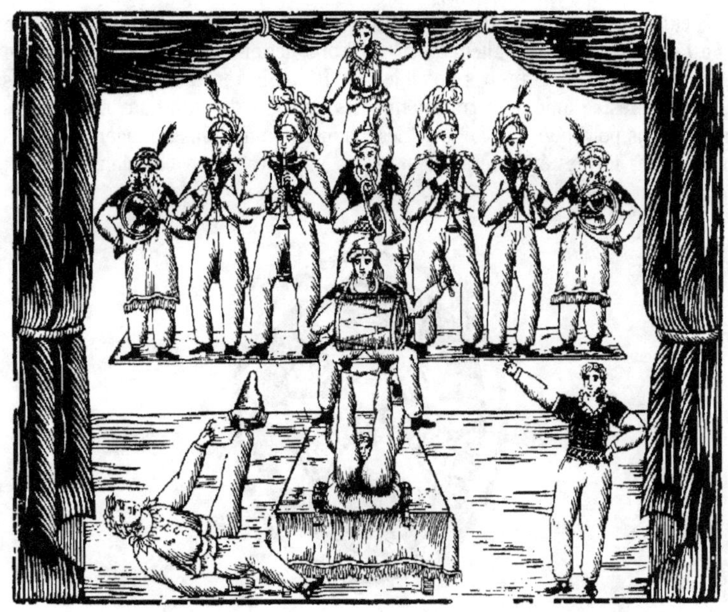

« La Parade. » Affiche de théâtre populaire. Début du XIXe siècle. (Dim. 370 × 260 mm.).

représentés par des dessins qui, s'ils n'étaient pas italiens, contenaient cependant les éléments qui les font goûter du peuple, il ne tarda pas à les introduire, sans savoir peut-être qu'en d'autres pays ils avaient eu une vie plusieurs fois séculaire. L'essai fut heureux, car depuis les motifs ont continué à se répéter.

Ce fait est significatif de la tradition internationale qui gouverne les motifs populaires. Ils ne sont que l'expression figurée de la pensée et des attitudes du peuple, et comme les masses, à leur origine, étaient toutes pareilles, les plus lointaines représentations doivent leur être communes.

Ce n'est que lorsqu'on aura fait connaître le patrimoine populaire ancien et moderne de chaque pays que l'on verra, c'est là mon opinion personnelle, que les motifs populaires, dérivés des sources communes, ont pris des formes diverses et se sont modifiés plus tard, lorsqu'ils ont dû représenter le caractère, le goût et les préférences des différentes régions. En ma qualité de modeste chercheur, j'exprime ma gratitude à l'éditeur qui, réunissant pour la première fois en plusieurs volumes les documents populaires de toute l'Europe, permet de faire les rapprochements opportuns sur des matériaux qui aujourd'hui ont presque complètement disparus.

Peut-être quelqu'un aurait-il préféré que je me fusse étendu sur l'évolution des estampes populaires italiennes, sur leur production locale et sur l'inspiration des imagiers. Cela n'était pas possible. En Italie, la représentation des motifs anciens est restée unique et traditionnelle sans subir de variations ni par suite des divisions politiques ni par suite des longues dominations étrangères, et sans que d'autres formes étrangères aient pu en modifier, sinon occasionnellement, l'inspiration directrice.

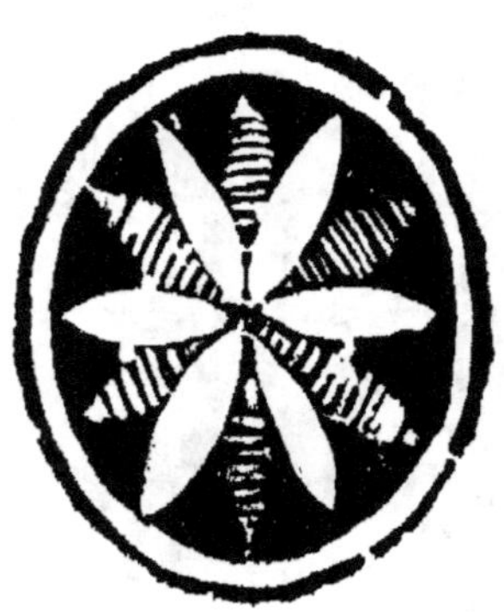

SOURCES

Catalogue de Antoine Lafréry (Rome, 1572).

Antoine Lafréry est né à Orgelet, en Franche-Comté ; sa boutique fut le plus grand marché d'estampes qu'ait jamais eu Rome dans la seconde moitié du XVIe siècle, depuis 1544 jusqu'en 1577, année de sa mort. Son activité, comme éditeur, s'est exercée surtout dans le domaine artistique, et si les monuments qui rappellent la grandeur de Rome sont parvenus jusqu'à nous, grâce à l'œuvre *Speculum Romanæ magnificentiæ*, c'est à lui que nous le devons.

En 1572, il publia un catalogue sans y mettre de titre : l'unique exemplaire connu s'en trouve à la Bibliothèque Marucelliana à Florence, sous l'indice Misc.

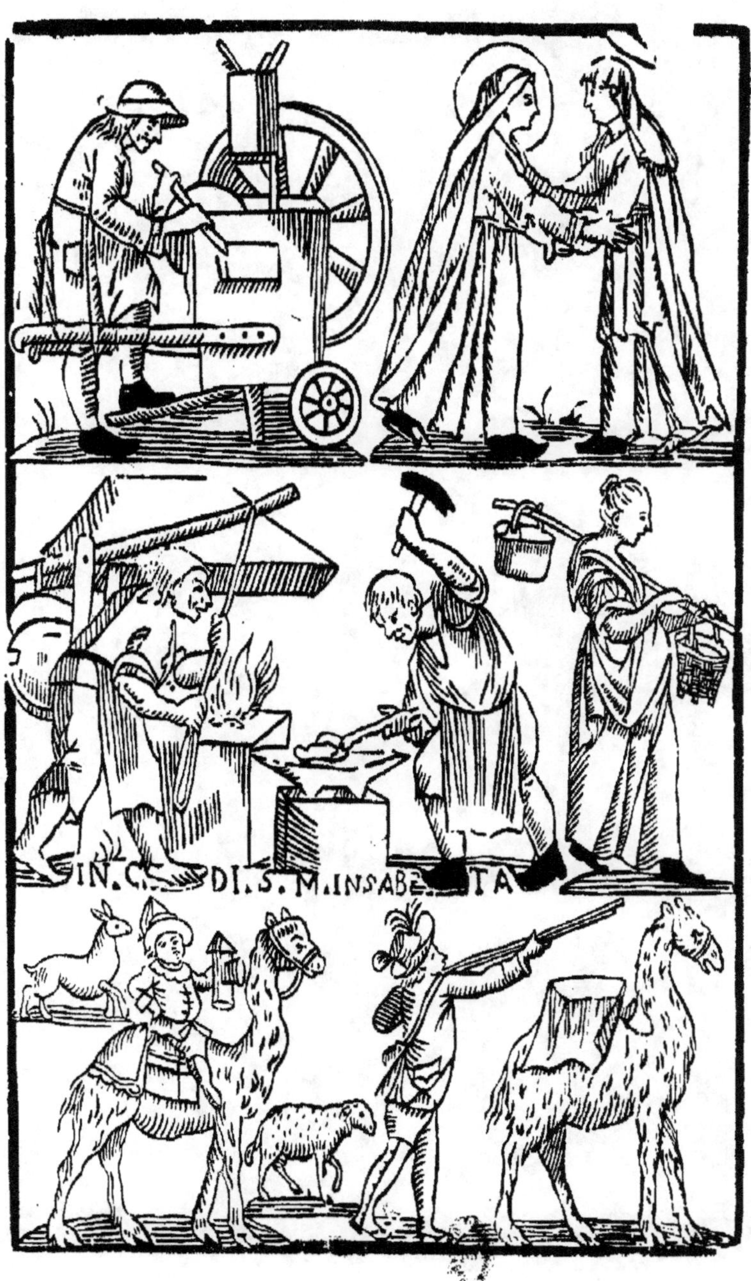

Personnages de crèche. Images à découper et coller sur carton. Vers 1810. Bois au Musée de Brescia. (Dim. 272 × 378 mm.)

79.4, et fut réédité *in extenso* dans Fr. Ehrle, *le Plan de Rome*, Du Pérac-Lafréry, 1557 ; Rome, Danesi, 1908. C'est là le plus ancien catalogue italien d'estampes ; il comprend environ cinq cents titres de monuments anciens et d'œuvres classiques. Un groupe de ces images intéresse cependant nos études, car il indique que cet atelier publiait aussi des estampes populaires. Elles sont réunies à la page 57 sous les titres *Aneries, la Cage des Fous, le Pays de Cocagne, le Triomphe de Carnaval, l'Arbre de la Folie, le Monde à l'envers, Proverbes, Ages de l'Homme, Ages de la Femme.*

La persistance des motifs populaires apparaît évidente, si nous comparons cette liste avec le *Catalogue spécial des images*, édité à Épinal par Pellerin et Cie, en 1912, c'est-à-dire environ trois siècles et demi plus tard. Nous y trouvons encore les mêmes sujets : n° 806, *le Pays de Cocagne* ; n° 307, *la Cavalcade de la Mi-Carême* ; n° 809, *le Monde à l'envers* ; n° 827, *Proverbes en images* ; n° 13, *les Degrés des âges.*

Lafréry devait posséder un assortiment plus varié. On peut le déduire des inventaires faits à l'occasion de sa mort (20 juillet 1577) et publiés dans l'œuvre précitée du père Ehrle. Nous y trouvons encore : *le Crible de la mort* (p. 45) ; *les Mois de l'année coloriés* (p. 49) ; *le Miroir de la santé* (p. 51), et *les Quatre Fins de l'Homme* (p. 52).

Catalogue d'André Michelange Vaccari (Rome, 1614).

Le commerce des estampes à Rome au XVIe siècle est introduit par des marchands venus d'outre-monts : par Antoine Salamanca, peut-être espagnol (1538-62), par les Français Antoine Lafréry, Nicolas Beatricetto (Béatrizet), Claude et Étienne Duchet, Jean Turpin, et par les Flamands Jérôme Cock, Nicolas Van Aelst et Jacques Devent, auxquels s'ajoute une longue troupe d'Italiens.

Ces noms sont arrivés jusqu'à nous parce qu'ils accompagnaient des estampes qui ont été conservées en raison de leur intérêt artistique, alors que la production secondaire qui comprenait les estampes populaires a été irrémédiablement perdue. Il n'est pas admissible que plus de vingt calcographies romaines n'aient pas été imiter ce que Lafréry avait fait depuis 1572.

Ce qui confirme cette supposition et ce qui nous éclaire pleinement sur la large diffusion qu'avaient alors les estampes pour le peuple, c'est « l'index et la note particulière de toutes les estampes qui se trouvent présentement à l'imprimerie d'André et de Michelange Vaccari à Rome (Rome, G. Mascardi, 1614) ». Le catalogue a été publié à la page 59 de l'ouvrage précité du père Ehrle, d'après l'unique exemplaire connu jusqu'à présent de la Bibliothèque de la ville de Mantoue (Misc. B. 128, F. 7/13).

L'activité d'André et de Michelange Vaccari s'est exercée entre 1606 et 1614. L'abbé Zani (*Encyclopédie méthodique*) les dit marchands romains, le père Ehrle appelle Laurent (père d'André) compatriote de Claude Duchet, et par conséquent français. Je suis porté à les croire de cette nationalité parce qu'ils ont signé de nombreuses estampes : *De La Vaccheria*. Le nom original était probablement De La Vaquerie. Si le catalogue de Lafréry peut servir de base à la reconstruction de la Rome ancienne, celui de « Vaccari » a une importance capitale pour l'histoire des estampes populaires et religieuses. Je passe sur les centaines d'images de piété à 4, 6, 8 par feuille, les madones vénérées à Rome et dans la province, ainsi que les madones à miracles ; je me bornerai à citer celles qui intéressent davantage notre étude (cat. p. 62) : *la Cage des Fous ; la Cocagne ; la Vie et la Fin de la Courtisane ; la Vie et la Fin de ceux qui courent après les Courtisanes ; le Jeu du Pela le Chiû ; le Jeu de l'Oie ; le Jeu de l'Écrevisse ; le Portrait de l'Antéchrist ; le Monde à l'envers ; Image de la vie humaine*, gravée par Jean Maggi ; *le Pronostic perpétuel de l'Orviétan ; les Douze Sibylles ; la Feuille des Zanni*, d'Ambroise Brambilla ; *le Sac au Moulin* (les hommes qui portent le sac de leurs actions au Moulin de la Mort) ; *la Feuille des vêtements des Dames du Monde*, gravée par Ambroise Brambilla ; *la Feuille des Marchands ambulants de Rome*, gravée par Jean Maggi ; *Proverbes anciens ; Deux feuilles représentant les Bals des Vénitiens ; Calendrier perpétuel*, gravé par Ambroise Brambilla ; *Trois Feuilles de tous les métiers de Rome ; la Feuille des deux têtes : Veux-tu changer cette souris en fleur ?* (gravure à deux endroits) ; *la Tête qui dit : « Aujourd'hui on ne fait pas crédit, demain oui »* (p. 63) *; les quatre Fins dernières ; les Quatre Saisons ; le Bébé sur la Mort ; l'Arbre de la Fortune ; le Portrait des philosophes* (p. 64) *; Huit pièces de chevaux avec les Paladins* (p. 64) *; Quatorze pièces de garnitures et de fantaisies pour faire les éventails.*

Il est impossible à un lecteur attentif de ne pas voir la singulière importance de cette liste, qui n'a pas été composée à plaisir, mais qui représente l'inventaire, je dirai presque notarié, du patrimoine iconographique de nos masses populaires en l'année 1614.

La maison Remondini de Bassano Veneto (vers 1650-1860).

Les Remondini ont exercé le commerce des livres et des estampes dans la typographie qu'ils ont tenue de 1650 à 1860 à Bassano, dans la province de Vicence. Leur renommée est due, plutôt qu'aux livres qu'ils ont publiés, au

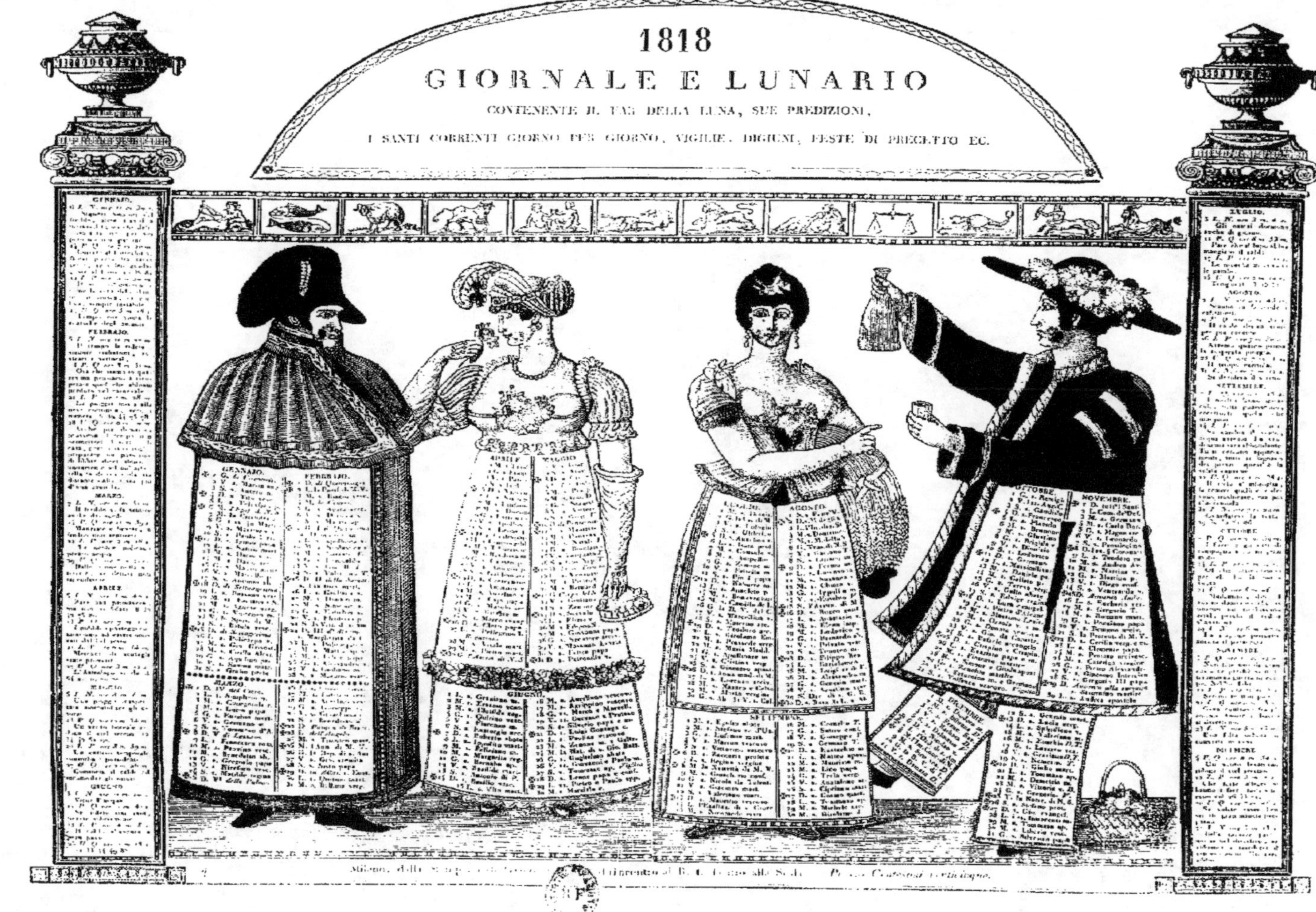
1818
GIORNALE E LUNARIO
CONTENENTE IL FAR DELLA LUNA, SUE PREDIZIONI,
I SANTI CORRENTI GIORNO PER GIORNO, VIGILIE, DIGIUNI, FESTE DI PRECETTO EC.

commerce étendu d'estampes et d'opuscules populaires qu'ils ont exercé pendant presque deux siècles, non seulement en Italie, mais dans toutes les parties du monde.

Le fondateur de la maison fut Jean-Antoine Remondini, né à Padoue et

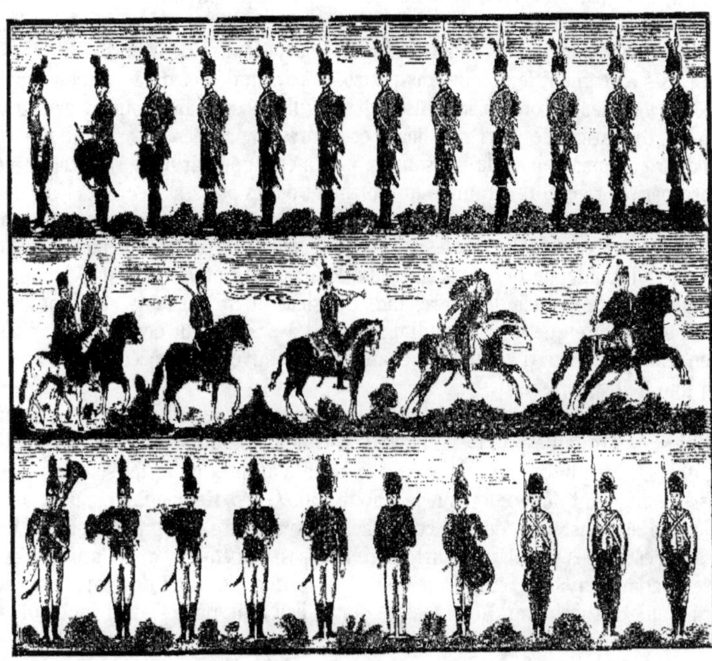

Page de soldats éditée par Remondini. Lithographie traitée comme une gravure sur bois (1830-40). (Dim. 430 × 310 mm.)

établi à Bassano vers 1640, où il ouvrit une boutique de ferronnerie, à laquelle il ajoutait aussitôt deux presses : l'une typographique, l'autre à imprimer les images.

Plébéien de naissance, il avait pu savoir par expérience quels étaient les livres et les estampes préférés du peuple : cette simple connaissance lui fit deviner le profit qu'on retirerait à concentrer en un seul atelier la production populaire à laquelle tous les éditeurs concouraient un peu.

Les premiers travaux de la typographie, ce furent les histoires narrant les prouesses du jeune Rodomont, de Drusian de Léon, de Buovo d'Antona, et toute la littérature qui fut dite *à un sou*. Cette production se vendait par rames, c'est-à-dire par 500 feuilles, comme d'usage pour le papier blanc.

La typographie en 1670 avait déjà quatre presses qui imprimaient exclusivement des saints et des figures populaires en tout genre, depuis les dessins pour éventails jusqu'aux danses macabres, depuis les satires contre les Turcs jusqu'aux « derniers événements de la guerre de Hongrie ». Le métier devait être lucratif, car Jean-Antoine Remondini, à sa mort, qui advint en 1711, laisse à son fils Joseph un très riche patrimoine, augmenté encore par l'acquisition des cuivres appartenant autrefois aux Sadeler, calcographes de Venise. En 1715, les presses atteignent le nombre de quinze, et par un décret du 15 janvier 1739 le Sénat vénitien accorde à la maison des privilèges spéciaux pour avoir introduit la fabrication des cartes à fleurs et figures imprimées en or. Une ère de grandeur commence pour la maison ; la petite échoppe parvient à un tel degré de prospérité, grâce aux estampes qui sortaient de ses presses avec leurs légendes italiennes, latines, françaises, espagnoles, allemandes, slaves, grecques et russes, qu'elle devient redoutable pour les deux grands centres de production populaire de l'époque : l'Académie des Arts libéraux d'Augsbourg et la rue Saint-Jacques, aux environs de laquelle les marchands parisiens ouvraient leurs boutiques.

Il est notoire que les Remondini aimaient à passer pour des mécènes, mais qu'en réalité c'étaient d'habiles marchands usant souvent de procédés qui étaient bien loin d'être corrects.

Plus d'une fois, ils entrèrent en conflit avec les typographes vénitiens pour violation de droits de propriété, mais ils sortaient toujours victorieux des procès, grâce à l'appui du patriciat vénitien, acheté au prix de fortes sommes. Les choses changèrent de face lorsque le 9 août 1766 G.-A. Remondini reçut la nouvelle que sur instance des calcographes d'Augsbourg un grand nombre de caisses d'estampes populaires, surtout religieuses, expédiées par lui à un de ses correspondants avaient été séquestrées, parce que c'étaient des copies tirées d'originaux d'Augsbourg. Le séquestre donna lieu à un procès compliqué qui se termina par une transaction signée en 1772.

L'accusation de plagiat contre Bassano était fondée. L'auteur de ces lignes a eu la chance d'en trouver les preuves matérielles dans un fonds de plusieurs milliers d'estampes rémondiennes, relégué dans une mansarde, probablement à la liquidation de la maison survenue en 1850. Dans une serviette, je trouvai réunies plusieurs centaines d'estampes d'Augsbourg ; certaines d'entre elles portaient les traces du décalque, d'autres l'indication du nom de celui qui avait exécuté la copie, d'autres enfin, expédiées par la poste par différents correspondants, portaient au dos les indications à introduire dans la gravure (1).

---

(1) La liste des calcographes allemands et français contrefaits par les Remondini a été publiée dans A. BERTARELLI et HENRY PIOR, *La carte de visite italienne* (Bergame, Arti Grafiche, 1911, p. 86-87).

Le procès long et coûteux ne diminua pas la puissance de la maison éditrice. On en a la preuve dans une lettre en date du 12 juillet 1782, dans laquelle Remondini parle de sa chalcographie et donne des renseignements dont, pour être bref, je ne citerai que les chiffres récapitulatifs. Il possédait alors dix-huit presses

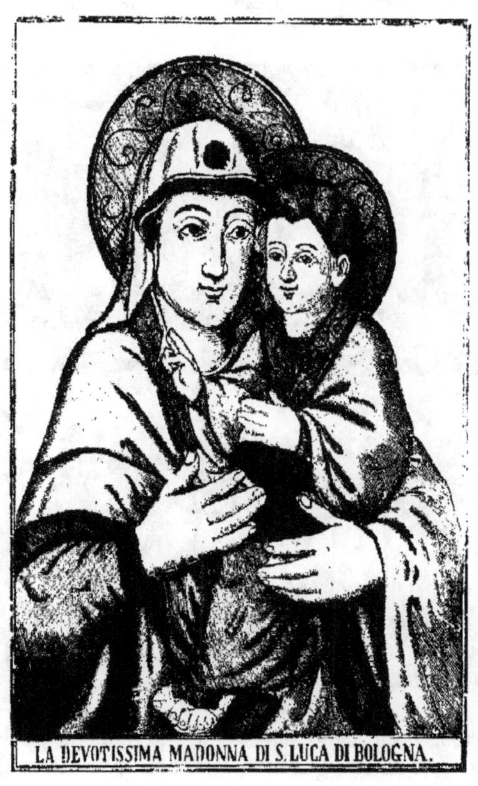

Image en litho, traitée à la façon d'un bois. Fabrique de Remondini à Bassano. Vers 1820. (Dim. 310 × 130 mm.)

typographiques, vingt-quatre pour les cuivres, deux pour les cartes ornées de fleurs ; il avait en outre quatre papeteries et une fonderie pour les caractères. Il employait plus de mille ouvriers, entre autres quinze graveurs sur cuivre, outre les graveurs sur bois et cent enlumineurs d'images et de cartes géographiques.

Il est dit dans un passage de la lettre : « Nos relations s'étendent dans toute l'Europe, en Amérique, dans la Moscovie asiatique et d'Europe et dans certaines régions d'Asie et d'Afrique. »

Le commerce avec des pays aussi lointains et inhospitaliers que la Russie asiatique par exemple était fait par les « Tesini », nom par lequel on désignait les habitants d'une petite vallée appartenant alors au Tyrol, à deux journées de

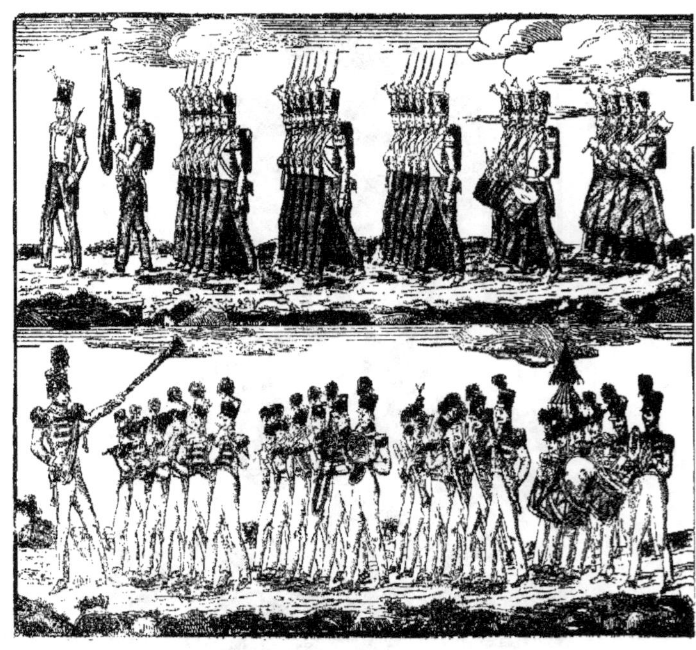

Fantassins français et autrichiens. Lithographie éditée par Remondini, 1820 - 1840. (Dim. 430 × 310 mm.)

Bassano. Certains documents conservés dans la Bibliothèque de Bassano, qu'on publie maintenant pour la première fois, nous permettent d'établir l'importance des fonctions exercées par les marchands ambulants.

Dans un procès survenu entre les libraires de Venise et Joseph Remondini, celui-ci, pour démontrer l'importance de sa maison, présentait au Tribunal trois déclarations faites sous serment par les archiprêtres de Tésino, Strigno et de Saint-Pierre de Schiavonia. Il ressort de la première que les Remondini avaient ouvert un commerce dans Tesino dès la fin du XVIIe siècle, afin d'épargner aux habitants de la vallée le voyage à Bassano et la douane des États vénètes.

La déclaration continue en ces termes : «... Mes paroissiens parcourent l'Europe en payant les différents droits de douane grâce aux prêts des mêmes Remondini... La plus grande partie visitent pays par pays la Hongrie, la Pologne, une grande partie de l'Empire russe, vont jusqu'en Sibérie et dans la région d'Astrakan et retournent ici tous les trois ou quatre ans pour renouveler leurs provi-

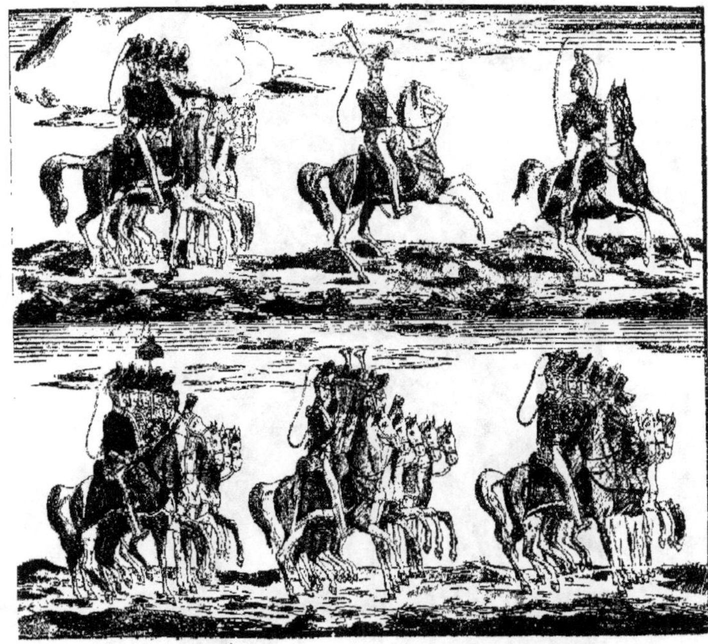

Lithographie traitée à la manière d'une gravure sur bois. Éditée par Remondini, 1830-1840. (Dim. 430 310 mm.)

sions. » Suivent ensuite les signatures originales de 170 chefs de troupe qui avaient sous leurs ordres deux ou plusieurs subalternes. Les deux autres déclarations sont signées par 139 autres chefs. Il faut ajouter à cette petite armée les correspondants et les marchands d'estampes dont la liste se trouve dans le manuscrit de L. Zellini que je citerai plus loin. Ce furent là les temps les plus glorieux pour la maison Remondini. M. De La Lande, dans son *Voyage en Italie* (Genève, 1790, t. VII, p. 151), écrit : « L'imprimerie des Remondini est le plus grand établissement de ce genre qu'il y ait en Europe. »

Les Remondini ont publié de nombreux catalogues, sept desquels, édités de 1772 à 1817, ont été consacrés à la gravure. Ils varient sensiblement : celui de 1784 est numériquement le plus riche et contient la liste de 954 cuivres de graveurs anciens, acquis en diverses occasions ; 6 352 images et estampes variées,

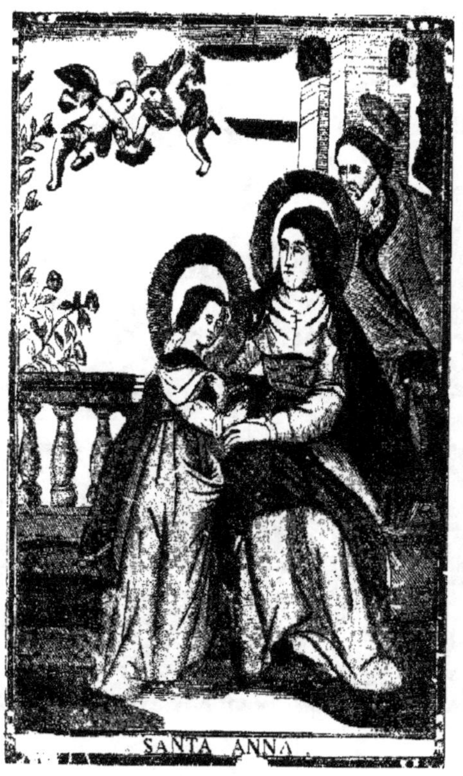

« Sainte Anne. » Lithographie traitée à la façon d'un bois. Vers 1830. Fabrique de Remondini à Bassano. (Dim. 310 × 430 mm.)

dont un très grand nombre sont populaires ou semi-populaires ; 367 bois, plus 587 moules pour les cartes coloriées.

Les catalogues commencent généralement par la liste des cuivres anciens, dont un grand nombre ne sont que des refontes des originaux. Puis viennent les estampes fines, enfin les ordinaires dites *longarole*, parce qu'elles sont gravées dans le sens de la longueur. C'est parmi ces dernières que se trouvent les estampes populaires dont je citerai quelques-unes en indiquant le numéro de référence du catalogue de 1818 : *les Quatre Saisons; les Quatre Éléments; les Quatre Heures du jour* (n°s 723-725) ; *les Quinze Mystères; les Sept Sacrements; les Sept Œuvres de Miséricorde corporelles et spirituelles; les Sept merveilles*

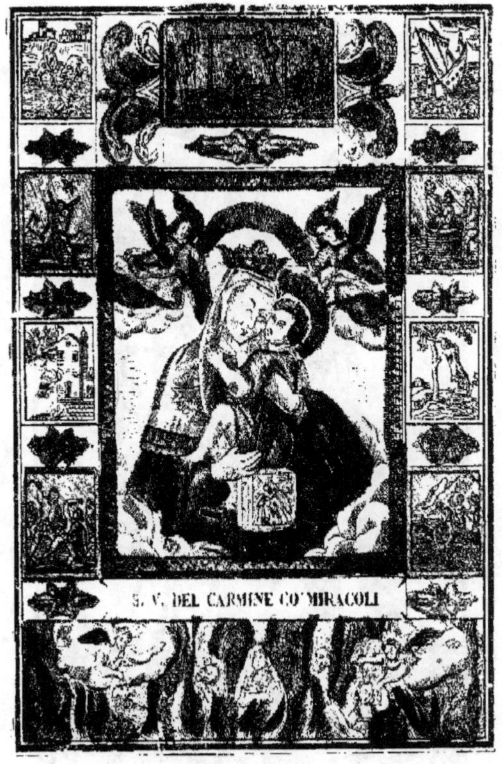

« Vierge du Carmel avec ses miracles. » Litho. Vers 1830 Fabrique de Remondini à Bassano. (Dim. 310 × 430 mm.)

du Monde); les Quatre parties du Monde; les Cinq Sens; les Quatre Ages (n°s 727-745); *le Bal de la Mort* (n° 747); *Quatre cent vingt-huit vues optiques* (n°s 788-845); *les Douze Mois; les Sept Arts libéraux; Divers effets de l'Amour; les Quatre Tempéraments de l'Homme* (n°s 860-872); *Assortiment d'images, Crucifix et Madones vénérés en Amérique, en Espagne, en Portugal, en Allemagne et en Pologne* (n° 833) : ce numéro comprenait plusieurs centaines d'images pour l'étranger. Le numéro 885 présente un intérêt spécial « dix-sept cuivres de différents sujets « bernesques », c'est-à-dire *le Monde à l'envers*, femmes en colère qui déchirent des pantalons (*la Querelle de ménage*), *la Mort qui menace l'homme de sa faux*, *l'Age de l'Homme et de la Femme*, etc. Les numéros 659-662 comprennent cinquante cuivres de soldats autrichiens, russes

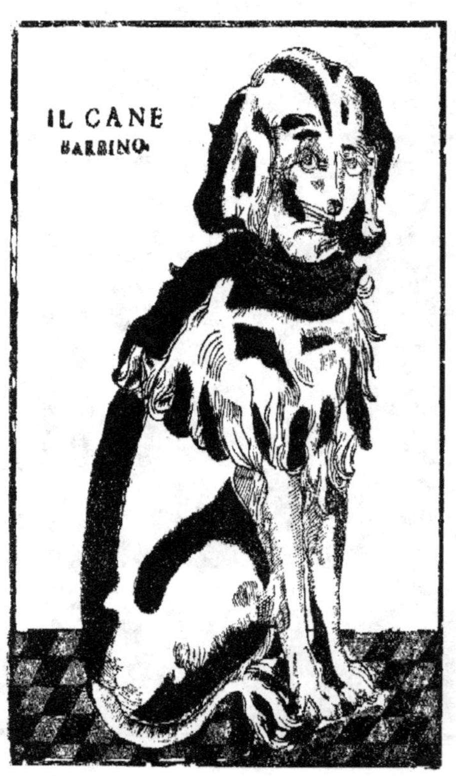

« Le Chien barbet » (chien de garde très répandu en Italie). Bois du XVIIIe siècle, tirage vers 1840. (Dim. 255 × 344 m.)

et anglais. Ceux-ci apparaissent pour la première fois dans le catalogue de 1803, où sont indiqués aussi six cuivres de soldats français. Pour des raisons politiques, à l'arrivée des Français, les soldats russes sont enlevés du catalogue, et à leur tour les soldats français sont supprimés à la Restauration autrichienne.

Le lecteur qui a eu la patience de lire cette liste s'est certainement rendu compte que tous les motifs indiqués dans les catalogues de Lafréry et de Vaccari

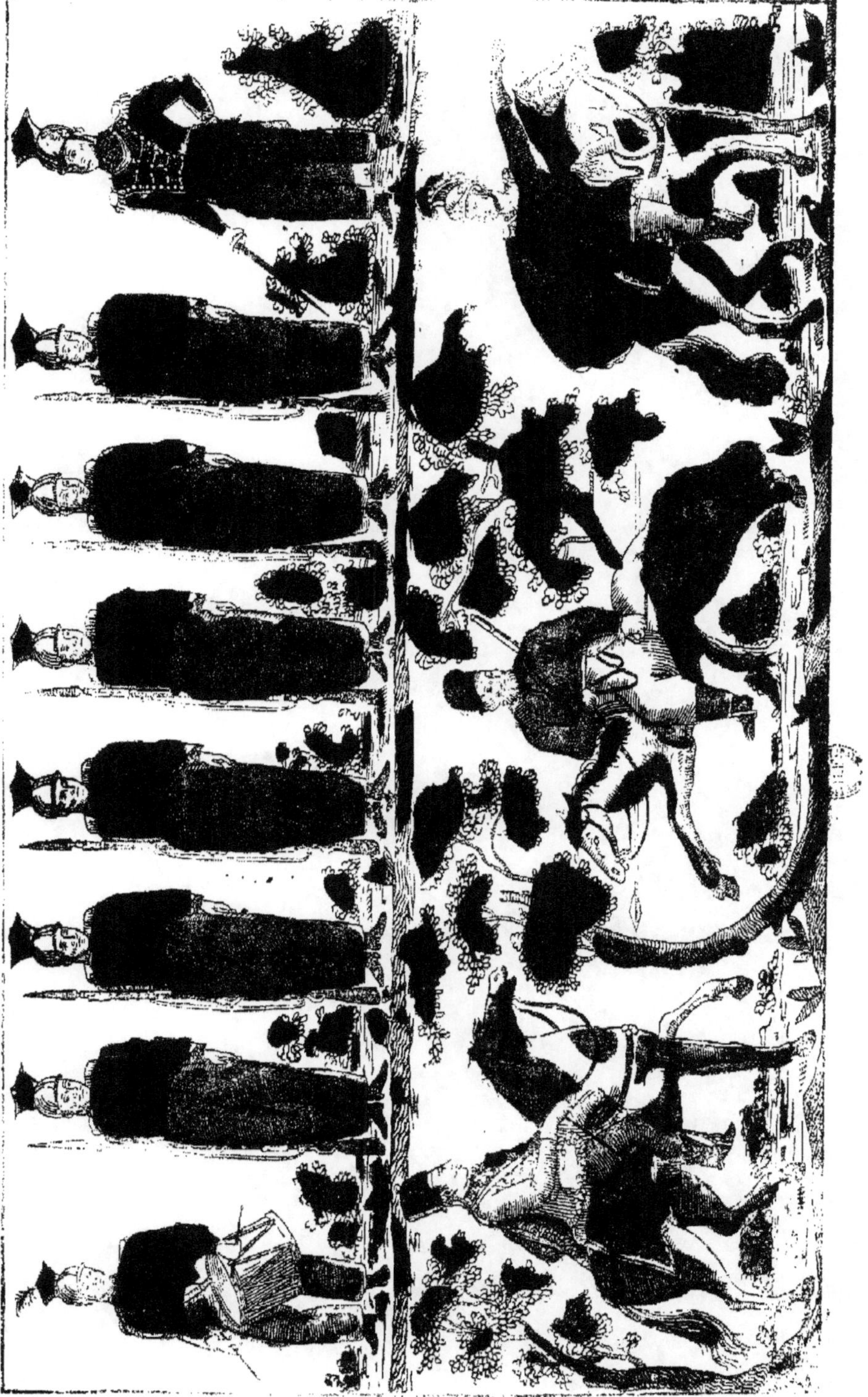

se répètent encore après presque trois siècles. C'était là le destin fixé à nos estampes populaires. Elles devaient renaître de génération en génération, toujours identiques à elles-mêmes, parce que le peuple qui les aimait restait toujours le même. Ce peuple a aujourd'hui disparu, et avec lui est morte l'estampe populaire (1).

LES BOIS DE LA TYPOGRAPHIE SOLIANI DE MODÈNE (1640 environ-1870).

Vers 1890, la Pinacothèque Estense de Modène fit l'acquisition d'une grande

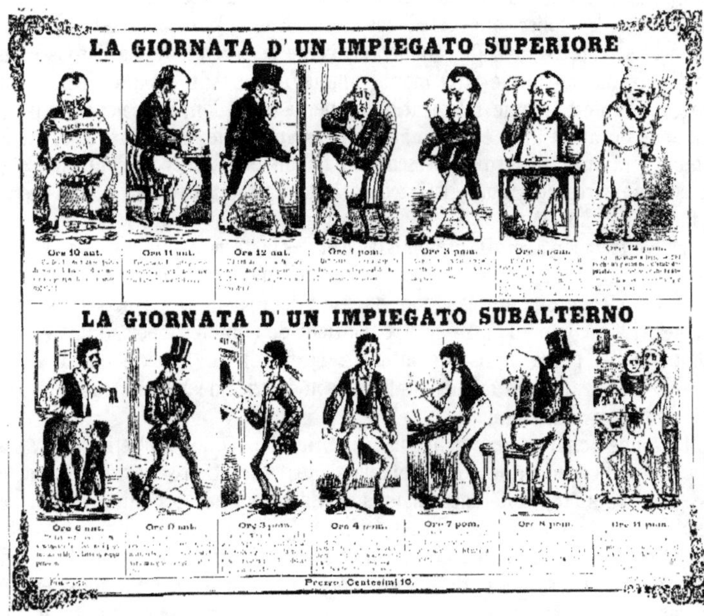

La Journée de l'employé supérieur et de l'employé subalterne. Florence, 1873. Fabrique de Soliani. (Dim. 370 × 260 mm.)

quantité de bois gravés, employés pendant une période plus que biséculaire (1645-1870) à la typographie granducale des Soliani de Modène, c'est-à-dire à partir de la fondation de la maison éditrice jusqu'à sa dissolution. Dans le but d'aliéner le matériel existant, on fit circuler un petit nombre de copies des bois,

(1) Les renseignements du présent chapitre ont été pris dans un manuscrit inédit qui se trouve à la Bibliothèque communale de Bassano : L. ZELLINI, *L'art de l'estampe à Bassano*. Je l'ai fait recopier et j'en ai déposé la copie au Cabinet des Estampes, à Milan, où l'on trouve aussi une riche série d'estampes de Remondini éditées dans les différentes langues et un grand nombre de celles qui ont provoqué le procès d'Augsbourg.

dont certains parvinrent à un marchand milanais. Celui-ci, feignant d'en chercher la vente, se fit expédier les bois à Milan dans la pensée qu'ils lui auraient servi à faire passer pour anciennes les falsifications modernes. Il fit faire un premier tirage pour pouvoir examiner commodément le matériel : il mit de côté les épreuves qui ne présentaient pas d'intérêt, et sur les autres il dessina des noms ou des monogrammes, qui, reportés en bois sur un petit tasseau mobile, furent insérés dans les planches originales, ce qui donnait un second tirage, qui, fait sur papier à mains, était débité comme ancien.

Ce métier lucratif a duré pendant des années et a fait qui sait combien de dupes parmi les collectionneurs. Dans le catalogue *Collection W.-L. Schreiber* (Vienne, 1909, p. 67, n° 448), on met en vente le portrait de Barberousse (fig. p. 11), attribué, suivant le faux monogramme, à Luc-Antoine des Uberti. Cette xylographie n'est qu'une falsification d'une de celles dont nous nous occupons, à laquelle on avait ajouté ce commentaire : « Splendide exemplaire avec monogramme, gravure qui jusqu'à présent n'a jamais été décrite. » Pour empêcher que ce commerce continuât, j'ai acquis à la mort du titulaire ce qui restait du fonds.

La contrefaçon a servi toutefois à déceler des matériaux qui sans cela seraient restés ignorés. Les réimpressions qui sont actuellement conservées au Cabinet de Milan forment un total de 1653, dont 851 sont de sujets religieux et 802 des sujets profanes. L'un comme l'autre groupe contient de nombreux bois d'une valeur exceptionnelle, parce qu'ils remontent à la fin du XVe siècle ou au début du XVIe ; ils avaient été acquis par la maison éditrice de Modène ou lui étaient parvenus de diverses manières.

Le fonds Soliani comprenait aussi une riche collection de petits bois : soit des dessins d'ornement et des alphabets (404), des tapisseries et des cartes ornées de fleurs (18), différentes figures destinées à orner des almanachs et des calendriers, des moules pour reliures de livres (33) et en outre environ 300 bois de sujet populaire. Ce dernier groupe offre un intérêt spécial au point de vue de l'histoire de la littérature et des mœurs populaires, car il a servi à illustrer des almanachs, des calendriers et des chansonnettes : qu'il suffise de dire qu'il contient six séries différentes pour l'illustration de la légende de Josaphat et Barlaam.

Outre ces petits bois, il y a les grandes planches du XVe siècle, qui représentent *la Madone de Lorette, le Vagabond revêtu de la Peau du Renard, le Singe qui file*, et d'autres de peu postérieures comme *les Paladins, l'Arbre de la Fortune* et *le Portrait du Roi d'Alger*, qui, en partie, ont été reproduites dans les figures pages 11, 17. Bien que ces xylographies aient été entachées de fausses paternités, elles ne perdent pas pour cela leur valeur originale.

L'IMAGERIE ITALIENNE

L'Œuvre de G.-M. Mitelli (Bologne, 1634-1718).

Mitelli, né à Bologne en 1634, peut être considéré comme le chroniqueur de la vie populaire de sa ville de 1650 jusqu'à sa mort, survenue en 1718. Le recueil le plus complet de ses travaux se trouve à la Bibliothèque civique de Bologne et com-

Una barbara donna che uccide due figli

E POI SI SUICIDA.

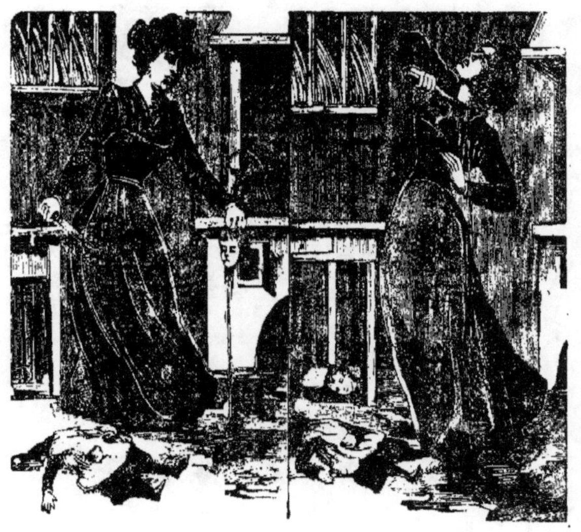

Une mère barbare tue ses deux fils et se suicide. Bois illustrant un « canard », feuille volante d'actualité. Florence, 1910. Fabrique de E. Ducci. (Dim. 335 × 250 mm.)

prend environ 610 gravures ; celle du Cabinet des Estampes de Milan en compte environ 470.

Mitelli n'eut pas la prétention de rivaliser avec les habiles graveurs qui vivaient alors à Bologne : il dessinait au jour le jour sur le cuivre le fait défrayant la chronique, l'entrée du Gonfalonier, les fêtes traditionnelles de la ville, les satires contre les Turcs, et, entre une estampe et l'autre, il illustrait les jeux, les bons mots, les proverbes et tous les motifs populaires.

Alors que presque toute l'imagerie de cette période a disparu, l'œuvre de Mitelli est parvenue jusqu'à nous presque entière, grâce à Lelio dalla Volpe, typographe bolonais, qui la réédita en 1736 et en publia à cette occasion le catalogue, à l'exception des œuvres illustrées et de celles dont les cuivres étaient passés aux Remondini ou à Dominique de Rossi de Rome, qui les a cédés ensuite à la Calcographie Camerale; celle-ci à son tour les a cédés à la Calcographie Reale (Rome).

Mitelli commençait à graver, alors que l'imagerie du XVIe siècle circulait

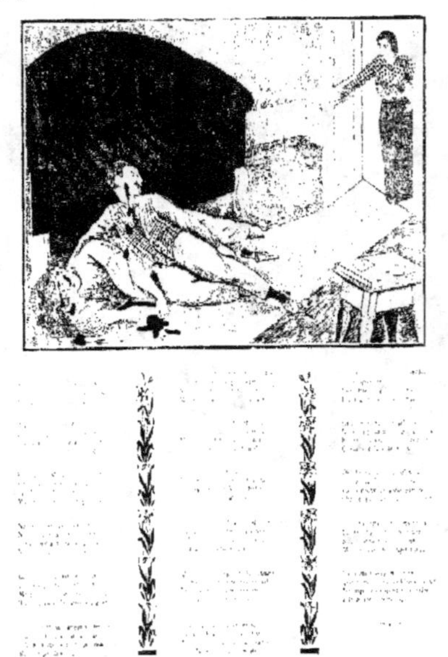

Un drame d'amour à Modène. Foligno. Établ. G. Campi. (Dim 340 × 375 mm.)

encore en Italie. Mitelli en fut l'héritier ; il féconda d'un nouvel humorisme ce riche patrimoine et le légua à la génération suivante : comme je l'ai dit à la page 75, il a été le lien entre le XVIe et le XVIIe siècle. Il y a toutefois dans son œuvre, à côté des motifs classiques, de nombreuses estampes qui nous font regretter la disparition d'un trésor, c'est-à-dire des documents nous présentant la pensée du peuple, sous l'inspiration de la vie contemporaine. C'est en vain que l'on chercherait aujourd'hui les formes graphiques correspondant aux *lamenti* ou aux autres genres littéraires dans lesquels le peuple exprime la tristesse des temps, les fléaux des invasions, les luttes des partis et les guerres qui, trop souvent, ont dévasté l'Italie. L'image, comme la littérature, de l'actualité disparaît au bout de très peu de temps, étant de par sa nature éphémère.

Mitelli a illustré la longue guerre que l'Église a faite au Turc par des estampes qui révèlent l'intérêt suscité par l'événement, même dans le peuple. Le graveur laisse à d'autres le soin de représenter les batailles et les sièges et, comme le peuple préfère l'épisode, il nous présente Tekeli qui, fait prisonnier, se débat furieusement dans sa cage de fer ; il commente avec une subtile ironie les rêves du Grand-Vizir et il réunit les médecins d'Europe en une consultation comique au chevet du « grand malade » (la Turquie). Quand Vienne et Buda sont délivrées par les armes chrétiennes, sa joie est sans bornes et les portraits allégoriques du pape Innocent XI et de Sobieski succèdent aux *w. Bologna* et à la *Lettre aux défenseurs de la Chrétienté.* Les désastres occasionnés par la guerre le rappellent à des considérations sociales plus élevées, et alors il grave *Observe ce que font les soldats* (incendies, rapines, meurtres), *les Résultats de la guerre* (un groupe de mutilés et d'aveugles), *la Guerre des animaux* (les États, sous la forme de bêtes féroces, se jettent l'un contre l'autre).

Plus tard (1696), quand la disette sévit sur Bologne, il fait paraître : *le Véritable Ornement pour les maisons* (un homme qui porte une hotte de pain), ou, jouant sur le nom du légat Panphily, il publie *Pain fils est pour vous* (la Charité qui distribue des sacs de farine). Au début de 1701, le Piémont est envahi par Catinat ; et alors il représente l'Italie sous la forme d'une botte en flammes. Il s'inspire de la même idée, d'une autre manière, pendant la guerre de succession d'Espagne, lorsqu'il publie *l'Année terrible 1709.*

Les estampes que nous venons de citer furent répandues dans le peuple, et la preuve nous en est fournie par deux gravures du même Mitelli. L'une représente un marchand ambulant d'images populaires et des passants qui fuient parce qu'ils sont fatigués par l'insistance de ses offres. Dans l'autre, on représente un homme du peuple connu à Bologne entrain de mettre le feu à une pile de bois sur laquelle se trouvent des images et des caricatures contre les Turcs : aussi bien dans l'une que dans l'autre gravure, on reconnaît le dessin des estampes dont j'ai parlé. Je souhaite que quelque collectionneur puisse bientôt trouver de nouveaux documents concernant les estampes d'actualités qui eurent la faveur du peuple en des périodes plus lointaines.

TABLE DES MATIÈRES

L'IMAGERIE ITALIENNE

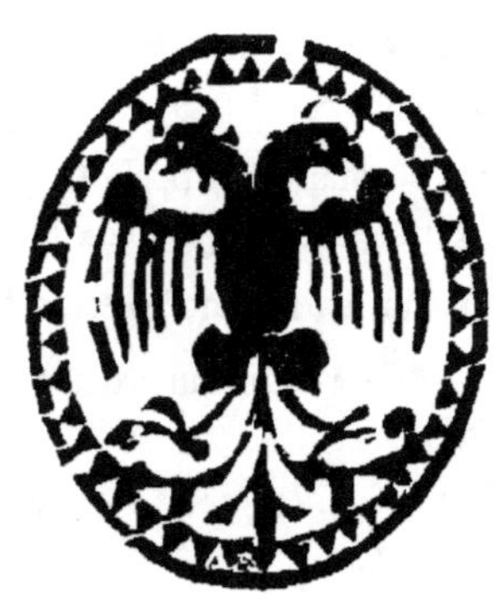

TABLE DES HORS-TEXTE EN COULEURS

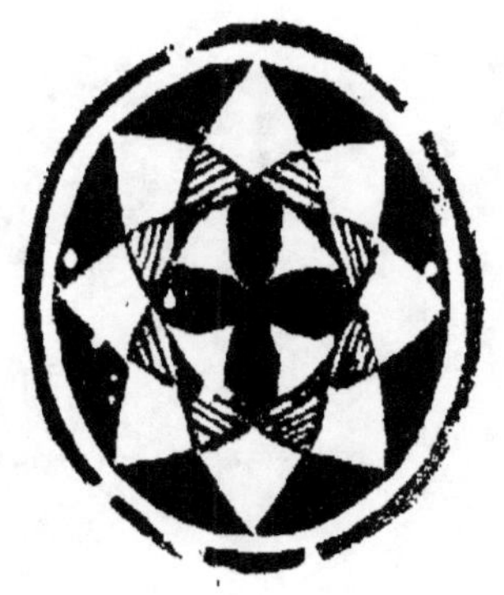

NOTE. — *Les dimensions indiquées sont celles des bois ou des planches et non celles de la feuille.*

1285-1-1930
IMPRIMERIE CRÉTÉ
CORBEIL (SEINE-ET-OISE)

www.ingramcontent.com/pod-product-compliance
Lightning Source LLC
LaVergne TN
LVHW020027170826
845678LV00001B/149

* 9 7 8 2 3 2 9 7 7 3 2 0 9 *